MW01230177

No Esperes a Mañana

Luis Humberto García

Copyright ©- 2017 Luis Humberto García

Todos los derechos reservados
ISBN-13: 978-1978285859
ISBN-10: 197828585X

DEDICACION

Este Libro está dedicado a mi Familia. A mi Esposa Regina Garcia
que me acompaño por tres países. Argentina, donde nacieron
nuestros dos primeros hijos Cesar Humberto y Angel Darío
Garcia. Paraguay, donde nacieron Alberto Osvaldo y Karen Regina
Garcia. Y logs Estados Unidos, llegando a Atlanta, GA, donde
nacieron Paul Richard y Diane Garcia. Mi maravillosa familia ha
sido fuente de inspiración para todos mis proyectos, y serán
siempre mis mas grandes tesoros.

ACERCA DEL AUTOR

Nací en el Uruguay en una familia de gente trabajadora.

A la corta edad de diez y ocho meses mis padres se separaron y quede al cuidado de mis abuelos.

Mi niñez fue muy difícil mientras crecía se me hizo saber que tenía dos hermanas pero mis abuelos no sabían donde habían ido a parar.

Sin ellos saberlo, el hecho de que tenía dos hermanas me creo la necesidad de conocerlas y comencé a buscarlas.

Lógicamente las busque en mi vecindario era lo más lejos que podía llegar, los años pasaban y yo continuaba con mi búsqueda, cada vez que me encontraba con niñas jugando en mi vecindario, me quedaba largas horas contemplándolas, sin tener conciencia del tiempo transcurrido.

Mi abuela preocupada salía a buscarme y se enojaba mucho conmigo por perderme tanto tiempo, a su pregunta de porque me iba de la casa sin su permiso, me sentía frustrado de no poder explicarle que salía a buscar a mis hermanas, ella no iba a entender esto, solo yo podía entender cuanta falta me hacían mis hermanas.

Una tarde alguien llamaba a mi puerta, una señora estaba afuera con una niña, era la tutora de una de mis hermanas María, a través de María conocí a mi otra hermana Norma.

Ahora comenzaba una nueva vida, ya no está solo, las tenía a ellas.

Esta experiencia marco mi vida, tome la decisión que cuando forme mi hogar nunca abandonaría a mis hijos, solo los que han pasado por esta prueba pueden saber lo que se sufre cuando no están tus padres a tu lado en los momentos en que más los necesitas que es en tu niñez.

Hoy tengo seis hijos y trece nietos que alegran mi vida y pienso que todo lo que me ha pasado a lo largo de mi vida, fue para ganar experiencias que me hacen estar agradecido a mi Padre Celestial por la protección y bendiciones que he recibido en todos estas años.

RECONOCIMIENTOS

Quiero expresar mi sincero agradecimiento al primer hombre que leyó e hizo la primera corrección del libro y me animo a publicarlo a mi amigo Jorge Bozzano, también a Néstor Curbelo a José Ángel Barrios quienes también me ayudaron. A mi sobrina Lize Ramírez quien escribió el manuscrito en un disco duro para poder hacerlo viajar a través de internet y a mi hijo Alberto, quien está ayudándome a publicar esta nueva edición que ahora tiene fotos gracias a su dedicación y esfuerzo, gracias Alberto.

PROLOGO

Hace poco conocí una señora con la cual compartí un pensamiento que da origen al título de este libro.
Lo leí hace muchos años de una Revista llamada Selecciones, aquel pensamiento decía:
SI TU FUTURO NO ESTA EN DONDE TRABAJAS HOY, NO ESPERES A MANANA.
Al escuchar esto aquella señora comenzó a llorar. Me comento que cuando su niña nació en la fábrica donde trabajaba, le cambiaron el horario de trabajo y la pusieron a trabajar de noche.
No quería trabajar de noche y que su niña estuviera sola con su papa porque la bebe requería el cuidado de su madre.
Pensó lo hare por un corto tiempo y me cambiare a otro turno, o a otro trabajo.
Aquella mañana la señora estaba preparando el cumpleaños de aquella niña que tenía once años y la señora seguía en el mismo turno de noche.
Los días se le juntaron y pago un duro precio por no haber tomado una decisión cuando debió hacerlo, once años atrás.
El ayer ya paso y el mañana nunca llega, siempre viviremos el día de hoy, hoy es el día para tomar decisiones.

NO ESPERES A MANANA.

CONTENIDO

1. MI VIDA EN URUGUAY

Hace algunos años atrás me encontraba en mi país natal, la República Oriental del Uruguay, tenía por aquel entonces dieciséis años. En esos preciados años de juventud por circunstancias de la vida me encontraba trabajando en el campo en un establecimiento agrícola ganadero, una estancia. Mi padre, que precisamente era un hombre de campo, solía trabajar en la estancia en diferentes quehaceres y yo era su ayudante. A veces trabajábamos con ganado u ovejas, otras veces labrábamos la tierra, conforme se daban las temporadas para una u otra cosa. Cuando vivía en la ciudad, había escuchado decir que en el campo la gente trabaja de "Sol a Sol", pero con mi padre trabajábamos de "Estrella a Estrella": salíamos a trabajar con las estrellas del alba y regresábamos con las estrellas en la noche. A mí no me importaba trabajar de "Estrella a Estrella" pues era joven, estaba lleno de vida y energías, pero lo que me preocupaba era que trabajábamos arduamente por un plato de comida y unos pocos pesos. Por esa razón traté muchas veces de hablar con mi padre y hacerle saber que no me encontraba feliz en la estancia pero él no me escuchaba. Él estaba convencido de que el pobre debía trabajar toda su vida y que si podía comer todos los días ese ya era un privilegio que otros pobres no tenían. Debido a esto vivíamos para trabajar, comer y dormir. Pero yo tenía otras metas en mi vida.

Un día mi padre recibió una oferta de sus patrones para trasladarse a otro establecimiento muy cerca de la capital. Él aceptó gustoso y comenzó a prepararse para la mudanza. Yo debía tomar una decisión: ir con él o quedarme en la estancia. Seguirlo significaría que nada cambiaría para mí pero yo quería cambiar, por lo tanto, pese a su desagrado, decidí no acompañarlo. Lamentablemente, no me unía a mi padre un fuerte vínculo afectivo ya que no había tenido el privilegio de crecer junto a él, por eso llegado el día de la despedida no experimenté sufrimiento alguno por la separación. Estrechamos nuestras manos y nos deseamos suerte. Sin embargo, al irse mi padre, me quedé pensando si estaba haciendo lo correcto pues me acordaba de que uno de los mandamientos dice: "Honra a tu Padre y a tu madre", y la promesa para quienes lo hacen es que Dios les dará larga vida

Luis María Garcia (Padre de Luis)

sobre esta tierra. A pesar de que yo sabía que mi decisión fue la correcta, durante algunos años tuve el sentimiento de que no había honrado a mi padre. Hasta que un día pude comprenderlo cuando un hombre muy sabio me consoló diciéndome que honrar a nuestros padres no significa hacer todo lo que ellos nos impongan. Estamos honrando a nuestros padres cuando en nuestro diario vivir, especialmente en el trato con nuestros semejantes, nos esforzamos en hacer las cosas lo más correctamente posible, de manera que en el día postrero, cuando tengamos que dar cuentas de nuestros actos y acciones, podamos sin temor mirar hacia atrás y sentir que hemos honrado el buen nombre que ellos nos dieron.

Mi padre ya había partido al otro establecimiento y yo me quedé trabajando en la estancia sin mayores cambios en mi vida, los días transcurrían sin que nada significativo pasara. No quería quedarme allí el resto de mi vida, pero las noticias que llegaban de la ciudad no eran muy alentadoras. Se hablaba de reducción de trabajo y de gente que abandonaba el país en busca de nuevos horizontes. Esta situación me desanimaba, me hacía pensar que no me convenía dejar el campo ya que, por un lado, estaba acostumbrado a esas faenas, y por el otro, tenía asegurado un techo, algo de dinero, y un

Luis Maria Garcia y Ema Lacerot (Padres de Luis)

plato de comida. Cada día cuando salía el Sol, reflexionaba acerca de lo grande que era el mundo para que yo me dejara atrapar por el mismo horizonte. Este mismo Sol, pensaba constantemente, está alumbrando a otros seres humanos que quizás están en alguna isla disfrutando del astro rey y de las bellezas de otras tierras, mientras que a mí me tendría otro día atrapado en este mismo horizonte.

Los días en el campo seguían transcurriendo. Pasaron las semanas, meses y todo seguía igual. Me sentía triste, solo, deprimido, pensaba que quizás nunca dejaría ese lugar ni aquel horizonte. Por momentos pensé que tal vez moriría, en realidad no me importaba morir. Creía que esa sería la mejor solución a todos mis problemas, de todos modos nadie iba a llorarme. Mi padre estaba lejos y mi madre, si es que ella aún vivía, tampoco se enteraría de mi muerte. Mi alma se hallaba atormentada. Para callar esos sentimientos comencé a tomar vino en grandes cantidades, andaba mareado todo el tiempo. Vivía una felicidad ficticia, el estar continuamente ebrio me hacía escapar de la realidad: la dura realidad de la soledad. Comía poco y bebía mucho. Por las noches no podía dormir, sentía que mi corazón se estaba debilitando, me sentía desfallecer, muy enfermo…

Una mañana de invierno me levanté muy temprano y fui detrás de la casa donde entre unos matorrales tenía escondida una damajuana de vino, la tomé entre mis manos y bebí hasta embriagarme. Tan pronto como entré a la casa, tanto alcohol comenzó a hacerme efecto, no obstante, regresé una vez más a los matorrales a beber más porque pretendía con ello olvidar la triste realidad de mi atormentada vida. Me senté esperando que me hiciera más efecto y realmente lo hizo, aunque esta vez peor que nunca. Mi ya débil cuerpo comenzó a temblar y mi corazón a palpitar como si fuera una locomotora sin control… sentí que mi corazón se quebraría en cualquier momento. Me asusté mucho. En busca de ayuda corrí a la casa del capataz pero para mi sorpresa me dijo que nada podía hacer por mí, que dejara la bebida y todo volvería a la normalidad. Me reprochó el hecho de que me la pasara bebiendo y que ese catastrófico estado en el que me encontraba era el resultado de no cuidar mi salud. Regresé a mi cuarto y me metí en la cama. Traté de calmarme, no fue fácil pero lo logré. Mi corazón poco a poco empezó a disminuir sus galopantes palpitaciones. Todo volvió a la normalidad pero mi cuerpo estaba muy débil. El invierno estaba castigando muy duro aquella zona del país, llovía copiosamente, los días eran grises y la habitación en que me encontraba carecía de luz. Todo era tinieblas y cada día me sentía más enfermo. De noche mi corazón solía latir sin control y muchas noches pensé que no viviría para ver un nuevo amanecer.

Un día el casero de la estancia salió como de costumbre a

ordeñar las vacas. Las buscó en la serenidad de la madrugada bajo la lluvia helada pero no las encontró. Se enojó tanto que volvió a la estancia, se quitó la ropa mojada y dijo: "Renuncio, me voy de aquí", y acto seguido se fue. Solamente quedamos en la estancia el capataz y yo. El capataz me hizo saber que pese a mi condición debería levantarme y hacer algunas tareas pues el casero ya no estaba y alguien debería ordeñar las vacas, cortar leña para el fuego, y hacer otras tareas imprescindibles para sobrevivir. Me hizo saber que no tenía otra opción, luego salió de la habitación, montó en su caballo y fue a recorrer el campo. Me quedé solo y frustrado… con la lluvia torrencial y aquel intenso frío

¿Cómo podría yo hacer esas tareas enfermo como estaba y bajo esas condiciones? A pesar de todo me levanté de la cama y me dije: "Este es el día en que me voy a morir. Saldré a trabajar bajo esta lluvia helada, mi débil cuerpo no resistirá y quizás mañana muera. Probablemente me enterrarán en el cementerio que hay aquí mismo ya que no tuve el valor de irme de aquí y cruzar este horizonte, entonces, mi espíritu lo cruzará. Al fin estaré libre de tantos problemas que he tenido a lo largo de mi vida: hoy es el día en que voy a morir". Sin más me vestí y salí a hacer los quehaceres que corresponden al campo. No sé cómo lo hice pero ordeñé las vacas y aunque por momentos sentía que me desmayaría seguí adelante, también corté mucha leña y otros quehaceres bajo la intensa y fría lluvia. Finalmente, aquel día concluyó y al llegar la noche me puse a hacer un gran fuego en la cocina de aquella estancia. Allí me encontraba solo y pensativo al lado del cálido fuego cuando reparé en que yo esa mañana había decidido que ese sería mi último día, sin embargo, en ese momento pude experimentar que había pasado algo muy extraño: ya no quería morir. El estar trabajando todo el día me hizo olvidar de que me encontraba enfermo, trabajé como si estuviera sano y aquella noche me sentía sano y con ganas de vivir. Tenía entonces diecisiete años. Pensé: "Estoy loco, ¿cómo voy a morirme tan joven?". Recordé aquel refrán que dice 'No hay mal que dure cien años', de ahí que me propuse seguir haciendo los quehaceres de la estancia. El invierno pasaría, luego vendría la primavera y con ella las flores y el pasto volverían a crecer, resonaron en mi mente los versos del poema "El árbol" que siempre recitaba mi abuelo. Este era su poema favorito y tiene una gran enseñanza:

Soy un árbol deshojado
Que un mal tiempo me hizo mal
Solo me resta el llorar
Y el recordar lo pasado
Cuando yo de hojas cargado
Las aves venían frecuentes
A mis gajos sabiamente
Arrullaban sus niditos
Y hoy porque me ven marchito
Me miran indiferente

Mis hojas verdes perdí
Mi corteza no verdece
Mis gajos tampoco crecen
Ya no soy quien antes fui
Pero yo digo entre mí
Si vuelvo a reverdecer
Las aves han de Volver
A sus arrullados nidos
Olvidaré el tiempo perdido
Y seré quien antes fui

Cuando era un árbol coposo
A mis gajos se venían
Las aves allí vivían
Contentas, llenas de gozo
Todo el tiempo primoroso
Solo en mal se ha convertido
Las aves dejan su nido
Sin poder reflexionar
Que en mis gajos se han de criar
Y he de ser quien antes he sido

El árbol, el árbol al tiempo espera
El riego de un hortelano
Si volviera un buen verano
Y si no una primavera

Y si acaso sucediera
Regando esta pobre planta

Quién sabe si no se levanta
Y vuelve a reverdecer
Como suele suceder
Que el más caído se levanta

(Luis Garcia mi abuelo)

(Mi papa, abuela Maria Daniela y tío Angel Garcia)

Aquel poema predilecto de mi abuelo me hizo ganar nuevas esperanzas. Sabía que aquel invierno pasaría, que vendrían las primaveras y los veranos y mi "árbol" crecería. Aquella noche me prometí que no permitiría que mi mente estuviera ociosa. Por el resto de mi vida me propuse trabajar, ya que cuando uno trabaja, mantiene su mente ocupada. Al día siguiente salí a trabajar, ya no me sentía enfermo y no pensaba en la enfermedad. Me di cuenta de que mi mente tenía control sobre mi cuerpo. Me sentí feliz de haber superado aquella situación, eso me ayudó a decidirme más que nunca a irme de allí. Sabía que podía emplear mi tiempo haciendo cosas más inteligentes que ordeñar vacas y cortar leña.

Un día llegó a mis manos una revista llamada "Selecciones". Aquella revista cambió mi vida. Siempre fui adicto a la lectura, me gustaba leer y todo lo que había leído hasta entonces había dejado huellas dentro de mí. Pero dos pensamientos que leí en ese ejemplar me impactaron, tanto que jamás los pude olvidar. El primero decía: "Nunca midas la altura de una montaña antes de alcanzar su cima, entonces, verás lo baja que era". Cuando lo leí me dije: "me estoy creando muchos problemas y no soluciones", entonces, me propuse solucionarlos uno por uno y luego me daría cuenta que la montaña no había sido tan grande. El segundo pensamiento me impactó más aun: "Si tu futuro no está en lo que haces hoy, no esperes a mañana."

Mi futuro no estaba en el campo. Aquel día supe que debería irme de allí que debía cruzar aquel horizonte y debía hacerlo pronto.

Recuerdo que estaba próxima la Navidad de aquel año, 1964. Decidí trabajar un mes más, ahorrar algo de dinero, e irme de allí. La Navidad llegó, luego el Año Nuevo, y al mes me di cuenta que no tenía suficiente dinero, entonces, puse una nueva fecha en el calendario. Los meses seguían pasando inexorablemente. Por momentos sentía que nunca estaba preparado para dejar aquel lugar aunque yo sabía perfectamente y sin lugar a dudas de que allí no estaba mi futuro.

Una noche que nunca olvidaré, estaba en la cocina escuchando la conversación de los peones. Hablaban de la tarea del día, como generalmente no se hacen cosas muy diferentes, siempre dicen más o menos los mismos comentarios. Al escuchar las mismas cosas, día tras día siempre lo mismo, me dije: "Bueno, es evidente que si sigo aquí, nada va a cambiar y para que haya algún cambio, yo tengo que cambiar. Debo irme pronto de aquí." Creo que este pensamiento llegó muy alto, porque mientras meditaba en aquella situación uno de los peones hizo este comentario: "Pensar que solo falta una semana para que llegue la Navidad."

Cuando escuché eso el plato de comida se me cayó de las manos y mi corazón comenzó a latir alocadamente. Me paré y salí de la cocina. Caminaba alrededor del establecimiento tratando de controlar el ritmo cardíaco, estaba muy asustado. Era horrible que hubiera pasado un año sin que yo me diera cuenta y recordaba que antes de la navidad pasada yo había leído por primera vez aquel sabio pensamiento: Si tu futuro no está en lo que haces hoy, no esperes a mañana."

Por mi indecisión y por no haber entendido cabalmente que no debía esperar a mañana cuando uno deber tomar una decisión, a mí se me habían juntado trescientas sesenta y cinco 'mañanas' y seguía allí en el mismo lugar. ¿Cómo pudo pasarme esto a mí? Esa noche comprendí lo peligroso y funesto que es esperar a mañana cuando debemos tomar una decisión, especialmente si en dicha decisión está envuelto el futuro de nuestras vidas. Entonces, supe que aquella noche debía hacer algo, no podía seguir esperando a mañana. Eran alrededor de las diez de la noche y el capataz de la estancia estaba durmiendo. Caminé hacia el sector donde aquel hombre vivía con su familia. Por el camino me parecía escuchar voces que decían: "No te muevas de aquí, tienes comida, un techo y dinero y lo tienes asegurado. No te vayas, te va ser difícil conseguir todo esto fuera de aquí". Por momentos dudé de querer irme, pero seguí caminando. Otra voz sonó en mi oído con mucha fuerza: "no esperes a mañana." Cuando escuché esto me llené de energía positiva y caminé con más fuerzas. Justo antes de llegar a golpear aquella puerta, la voz que me hacía tener miedo me habló una vez más, pero inmediatamente volví a escuchar: "tu futuro no está aquí, no esperes a mañana." Recorrí los últimos pasos que me distanciaban de aquella entrada, golpeé la puerta del capataz con mucha determinación. El hombre se levantó, abrió la puerta muy asustado y preguntó que pasaba.

Solamente vine a decirle que escoja esta noche a alguien para que realice mis tareas le dije porque mañana me iré de aquí.

Le hice saber esto con tanta firmeza que aquel hombre no me hizo preguntas y caminó conmigo hasta donde estaban los peones y ordenó a uno de ellos para que se encargara de lo que había sido mi trabajo hasta ese día. Aquella noche dormí con una paz que no había experimentado nunca hasta ese entonces. Aquel horizonte ya no me atraparía más, al fin me había decidido a hacer aquel cambio. Había comprendido que el "no esperar a mañana" sería un patrón para mi vida. Ya no volvería a cometer el mismo error.

Al día siguiente me levanté como siempre antes de la salida del Sol y lo vi salir detrás del horizonte. Era en apariencia el mismo Sol, pero para mí era el 'Sol de la libertad'. Miré a los cuatro puntos cardinales hacia los cuales me podría dirigir esa mañana: todos eran míos, era libre. Llamé a un tío mío llamado Ángel, y le dije que me estaba yendo de la estancia y que iría hacia Montevideo. Aquel tío me sugirió que fuera a Mercedes, la ciudad en donde yo había nacido y donde tenía parientes, para pasar la Navidad y que luego eligiera donde ir. Ese fue mi primer destino. Aquella Navidad fue diferente a las anteriores. Estaba en una ciudad, con luz eléctrica, entre mis parientes. Agradecí a mi tío Ángel por haberme invitado a pasar Navidad con ellos.

Necesitaba poner mi vida nuevamente en orden, tenía apenas 18 años y no quería equivocarme al tomar una decisión. Sabía que tenía una vida por delante, que ese tiempo era mi bien más preciado y quería usarlo lo más correctamente posible. Me di cuenta que para ser sabio en mis decisiones debía buscar ayuda divina. Me aboqué a las Santas Escrituras y en ellas leí que el hombre había sido creado "a la imagen de Dios" y repetía: "a imagen de Dios lo creó." ¡El hombre creado a imagen de un Dios! Aquel día supe en lo más profundo de mi ser, que Dios era mi Padre y que a Él tenía que acudir en busca de guía. Él había creado al mundo y en el mundo había muchas oportunidades y no importaba en qué país viviera, ya que fuese al país que fuese, aquel país o nación era parte de la creación de Dios. Me imaginé conociendo otros países volviendo a aquel sueño que tenía cuando estaba en el campo y de nuevo pensaba: "este mismo Sol alumbra otras tierras." Quería viajar y conocer el mundo. "¿Y por qué no?, me dije, si yo soy un hijo de Dios."

Comencé a buscar trabajo sabiendo que lo encontraría, aunque todo hacía suponer que en Mercedes no habría trabajo. Mientras buscaba me repetía a mí mismo: "No lo tengo ahora pero lo voy a conseguir más adelante". La búsqueda parecía infructuosa pero yo sabía de qué la ayuda vendría de lo Alto y en ningún momento perdí la fe, solamente tenía que seguir buscando. Muchas veces, yendo de un lado a otro me topé con mis amigos que estaban desocupados y me decían: "No busques ni pongas tu nombre en ninguna empresa hay cientos antes que tú, quédate con nosotros aquí y no pierdas tu tiempo." Jamás acepté su ofrecimiento. Sabía por experiencias pasadas que lo peor que me podía suceder era estar ocioso, no quería volver a pasar por aquella situación. Seguí buscando trabajo aunque las mañanas sin tener éxito comenzaron a ser más de las que las que hubiera deseado.

Un día tomé mi diploma de mecánico que había obtenido unos años atrás y salí con la firme decisión de que ese día encontraría trabajo. Al pasar frente a los desocupados me preguntaron adónde iba, y les dije que iría al taller Soriano y que allí me darían trabajo. Sus risas se oyeron en toda la ciudad. No era para menos, aquel taller tenía catorce operarios y una lista de espera con más de doscientas personas que se postulaban para trabajar allí ¿Cómo pretendía yo trabajar en un taller donde había doscientas personas antes que yo? La respuesta es que tenía fe.

Aquellos vagos habían perdido la fe y las esperanzas. Ahora se dedicaban a los chismes de todo el pueblo, algunos de los cuales traspasaban las fronteras. Dejé a aquellos chismosos riendo y seguí mi camino hacia el taller Soriano diciéndome a mí mismo que iba a conseguir ese trabajo. Llegué al taller, allí estaban las máquinas de rectificación de motores trabajando con sus operarios. Pregunté al secretario por el dueño del taller. Al rato vino el dueño con cara de aburrido, le mostré el diploma y le dije que venía a trabajar. Aquel hombre se dio la vuelta y me alcanzó un cuaderno lleno de nombres y me dijo que agregue el mío y que cuando hubiera una oportunidad se comunicaría conmigo.

- Usted no me ha comprendido le dije de frente, yo no vine a poner mi nombre en la lista. Yo vine a trabajar.

- Ahora mismo no necesito a nadie – me dijo.

- Entonces, quiero pedirle un favor – agregué He recorrido todos los lugares posibles en donde hay trabajo pero no he conseguido nada. No quiero estar de ocioso y juntarme con los vagos que están en las esquinas de las calles. No quiero ser uno de ellos y si voy a utilizar mi tiempo quiero hacerlo en algo útil. Déme

la oportunidad de estar en su taller barriendo y aprendiendo a manejar las máquinas.

Lo haré gratis. Le voy a firmar un papel que lo exonere a usted de pago alguno.

El hombre se quedó con los ojos muy abiertos. Nadie de los de la lista le había hablado así.

- Tú eres diferente de los demás – me dijo Quédate, ya tienes trabajo.

No me fue difícil aprender la mayoría de las diferentes máquinas rectificadoras de motores. A las seis semanas de haber estado yo allí aprendiendo, entrenándome, y ayudando en lo que se pudiera, uno de los empleados llegó tarde como de costumbre. El patrón estaba de mal humor y lo echó y como era de esperarse, no tuvo que recurrir a la lista, pues yo ya estaba allí y entrenado.

Así fue como conseguí trabajo donde decían que no había y que era imposible conseguirlo. Los vagos seguían en la calle con sus chismes y algunos de ellos fueron a parar a la cárcel, pues se habían involucrado en actividades ilícitas. Estaba feliz con mi trabajo. Tenía un horario, estaba bajo un techo, tenía horas libres a lo cual no estaba acostumbrado en la estancia. Aquellos días en que trabajaba "de Estrella a Estrella" quedaron atrás. Todo era diferente y mejor en comparación con los días en el campo.

Tiempo después, empecé a asistir a la Iglesia y a conocer principios bíblicos. Recurrentemente venía a mi mente que Dios había creado un mundo tan grande y yo estaba allí. Por supuesto que me encontraba mucho mejor que en la estancia pero encerrado en un taller. Un día, mientras observaba a mis compañeros de trabajo y meditaba sobre mi futuro, no pude evitar pensar que todos estábamos 'pasándola bien' por el hecho de tener dinero asegurado a fin de mes. Sin embargo, la mayor posición que podíamos aspirar en ese lugar era llegar a ser el encargado del taller, posición que no me atraía mucho. Nuevamente escuché aquella voz inconfundible que me decía: "No esperes a mañana". Esta frase volvió a sacudir mi mente como si fuera un rayo. Dentro de mí sentí que ahora el cambio debía ser grande: tenía que dejar el país. Quería mucho a mi patria, pero el Uruguay en ese entonces no me brindaba muchas oportunidades. Poco tiempo después me enteré que un amigo mío llamado Nelson, estaba viviendo en la Argentina. Entonces, me imaginé, como si fuera una visión, con Nelson viviendo en Buenos Aires. Debía actuar. Tomé la decisión de irme a la Argentina, renuncié al taller y me encaminé hacia lo desconocido.

2. MI VIDA EN ARGENTINA

El día 4 de abril de 1969 esperábamos con Nelson el avión que nos llevaría del pequeño aeropuerto de Mercedes al aeropuerto de Ezeiza en Buenos Aires, capital de la República Argentina. Esperamos con ansias durante cinco horas al legendario avión de transporte héroe de la Segunda Guerra Mundial hasta que finalmente vimos como posaba sus ruedas en la pista de aterrizaje el antiguo pero fuerte Douglas DC 3 de la Primera Línea Uruguaya de Navegación Aérea (PLUNA). Era la primera vez que subía a un avión, estaba muy emocionado y nervioso. Luego de haber abordado, el avión ya situado en la cabecera de la pista, de pronto aceleró sus motores y todo el aparato se empezó a estremecer. Me invadió un miedo terrible y me preguntaba si aquel avión llegaría a Bueno Aires, pues me acordaba de lo que decían los uruguayos de las siglas de PLUNA: "Primeras Latas Uruguayas que Navegaron Alto." Por un instante me arrepentí de aquel viaje y solo quería regresar a Mercedes y olvidarme de todo, pero ya no había marcha atrás. El avión decoló soberbiamente y en pocos minutos las luces de Mercedes se perdieron en el lejano horizonte uruguayo.

Arribamos a Buenos Aires en cuarenta y cinco minutos. Al salir del aeropuerto tomamos un tren que nos llevó a la estación de Retiro y de allí proseguimos en autobús. Había dejado mi pequeña ciudad de treinta mil habitantes hacia menos de dos horas y ahora estaba en medio de una infinidad de taxis, autobuses, y trenes, que corrían como locos en aquella gran ciudad de once millones de habitantes. Aquella noche dormimos en un hotel muy cerca de las vías del tren. Al día siguiente desde muy temprano el ruido de los trenes no me dejaba dormir. Al asomarme a la ventana del hotel miré en la extensión cientos de casas, estaba en lo que se conoce como el Gran Buenos Aires.

Alquilé una habitación muy cerca de la gasolinera donde Nelson trabajaba. Cada día salía con mi periódico y el mapa de la ciudad buscando trabajo. Como era de esperarse, casi siempre me perdía y cuando llegaba al lugar donde ofrecían el trabajo ya era demasiado tarde. El dinero se me estaba acabando y no conseguía empleo. Una noche Nelson vino a visitarme, estuvimos hablando de mis finanzas y le dije que apenas tenía el dinero suficiente para pagar una noche más en el hospedaje donde me alojaba y que si no encontraba trabajo, probablemente tendría que ir a dormir a la calle. Estaba diciéndole esto cuando sentimos los pasos de la dueña de la casa, sabía que venía por el pago, así que le di mis últimos pesos para cubrir un día más. Afortunadamente gracias a mi amigo, que me prestó algo de dinero, podría al día siguiente salir a buscar trabajo. Cuando Nelson se fue me sentí muy solo. Aquella noche oré al Señor como nunca lo había hecho antes: Le pedí que me ayudara a levantarme temprano, quería estar despierto a las cuatro de la mañana, para esta vez, ser el primero en llegar al lugar de trabajo y así tener la posibilidad de ser tomado. No sé cuánto tiempo estuve orando, solo sé que me invadió una paz muy intensa, algo que me hacía sentir que todo estaba bien, que al día siguiente estaría trabajando. Me dormí con la completa seguridad que mis días de desocupado se habían terminado aquella noche.

Al día siguiente cuando desperté, por la ventana de la habitación se filtraban fuertes los rayos del sol, miré mi reloj desesperadamente: eran las diez de la mañana. Ya era demasiado tarde para ir a buscar trabajo, sin embargo, todavía sentía la seguridad de que encontraría trabajo. Estaba radiante, me sentía muy feliz porque sabía que Dios me ayudaría en aquel día, si bien no tenía idea cómo.

Al llegar el mediodía me fui a visitar a mi amigo a la gasolinera, cuando me vio lo primero que me dijo fue: "por tu cara se nota que encontraste trabajo." Le contesté que todavía no tenía trabajo. No me creyó y siguió trabajando, mientras yo quedé dando vueltas alrededor de aquella gasolinera radiante de felicidad y con mucha paz. Al rato vino de nuevo Nelson y me dijo: "Sé que no tienes dinero para pagar tu cuarto esta noche y te veo muy feliz: ¿Verdad que si encontraste trabajo?". Le volví a decir que no, que me encontraba feliz porque sabía que lo encontraría, o que algo milagroso iba a ocurrir pero yo no sabía qué. Nelson siguió trabajando y a ratos me observaba de lejos. Yo sentí que él estaba muy confundido ya que no podía entender el porqué de mi alegría. Alrededor de las dos de la tarde de aquel día, Nelson vino una vez más y me preguntó de nuevo si tenía trabajo, enfáticamente le respondí que no, entonces, con una sonrisa me dijo:

- Sí lo tienes, uno de los empleados de esta gasolinera habló al jefe, diciendo que encontró otro trabajo, por lo tanto necesitan a alguien. Habla con los patrones y ellos te darán el trabajo a ti.

Diez minutos después de oír esto, ya estaba trabajando. No se necesitaba prácticamente ningún entrenamiento para cargar gasolina en los automóviles. Tenía trabajo y lo que más me gustaba es que los clientes daban propinas por cargarles gasolina y hacer algo extra como limpiar el parabrisas o medir el nivel de aceite en el motor. Aquella noche no solo tenía trabajo, sino que había recibido suficiente propina para pagar mi cuarto una noche más. Me sentía tan bendecido que me puse a pensar en servir de alguna forma en alguna misión de la Iglesia. Los misioneros eran llamados por dos años para servir en su país de origen o en un país extranjero. Con aquel pensamiento en mente aumenté mi jornada de trabajo a dieciséis horas corridas. En el turno de la noche duplicaba las propinas con lo que me daban choferes por lavar sus buses.

Todo iba muy bien, pero a los tres meses, expiraba mi visa y debí retornar al Uruguay para poder ingresar nuevamente por otros noventa días. Al llegar a Mercedes me enteré que una de mis hermanas, Norma, la mayor, había ido a Mercedes en mi ausencia para invitarme a irnos juntos a vivir a Buenos Aires. Cuando se enteró que yo ya estaba allá se puso de acuerdo con mis abuelos para que le avisaran cuando yo retornara al país para viajar juntos a Buenos Aires. Al llegar a Mercedes me comentaron mis abuelos que María, mi otra hermana, también se había ido a vivir a Buenos Aires. Una semana más tarde estábamos viajando a la Argentina, Norma, quien venía acompañada de una amiga llamada Nilda, y yo.

Llegamos a Buenos Aires una fría mañana del mes de Julio. Mi hermana y su amiga alquilaron una habitación cerca de la gasolinera en donde trabajábamos Nelson y yo. Por la noche nos reunimos con María, ella tenía dos hijos a los cuales yo no conocía. Me alegró conocer a mis dos sobrinos, un niño y una niña. Por primera vez estábamos viviendo en la misma ciudad mis hermanas y yo.

Nuestros padres se habían separado cuando nosotros éramos muy pequeños, cuando yo tenía apenas dieciocho meses y mis hermanas eran un par de años mayores que yo. María fue adoptada por una tía por parte de nuestra mamá, ella vivía a solo cinco cuadras de mi casa, pero por alguna razón que nunca pude entender, ninguno de mis familiares me lo hizo saber. Norma fue adoptada por otra familia, vivía a treinta kilómetros de Mercedes. Vinimos a encontrarnos doce años más tarde, esta era la primera vez que estábamos juntos en una misma ciudad. Al poco tiempo María nos hizo saber a Norma y a mí que buscaría a nuestra mamá, quien se había mudado desde el Uruguay dieciocho años atrás, a la

Majestuosa ciudad de Buenos Aires. Con Norma le deseamos suerte en la búsqueda ya que iba a ser difícil encontrar a nuestra mamá entre once millones de habitantes.

Los días pasaban en la Argentina, todos estábamos trabajando y María seguía buscando a nuestra madre. Cierto día nos llamó para hacernos saber que ¡Había encontrado la casa donde vivía nuestra madre! Ella se encontraba de vacaciones en una ciudad

Argentina llamada Córdoba. Una amiga se comunicaría con ella y le haría saber que sus hijos se encontraban en Buenos Aires. Al día siguiente nos llamó de nuevo María y nos dijo que mamá llegaría al miércoles siguiente a las siete de la tarde y que nos quería encontrar en el Hotel en donde estaba hospedada María. Aquel miércoles estuvimos reunidos desde la mañana, no hablamos de mamá en el transcurso del día, algo extraño nos pasaba, como

si tal vez aquello fuese un sueño, sabíamos tan poco de nuestra madre. Llegada la tarde le dije a mis hermanas que tenía un compromiso que cumplir, por lo tanto debía dejarlas. Por extraño que parezca, todos nos olvidamos de que aquél día debíamos ir al hotel para 'conocer' a nuestra mamá, me despedí de mis hermanas y me dirigí hacia la estación. Todo estaba bien, el tren partió y no fue sino hasta la siguiente estación que un sentimiento extraño comenzó a inquietarme. Sentí que debía ir al hotel donde se alojaba María. El tren se detuvo en la siguiente estación y aquella impresión se hizo más fuerte. Me asusté mucho pues no entendía qué me estaba pasando, el tren continuaba con su recorrido y cuando llegó a la estación que estaba frente al hotel, sentí una fuerza que me empujaba para salir de aquel vagón. Era como si

la fuerza de un gigantesco imán que me empujaba hacia el hotel, sin embargo, no bajé. El tren nuevamente arrancó y a medida que se alejaba de la estación mis nervios fueron calmándose y todo volvió a la normalidad. En ningún momento me acordé de mi mamá ni de nuestro encuentro.

De regreso a mi habitación, aquella noche me encontraba meditando acerca de esta extraña experiencia ¿Qué fue aquella fuerza que me empujaba hacia aquél hotel? Estaba sumido en mis pensamientos cuando alguien golpeó la puerta de mi dormitorio. Al abrir vi la cara de Norma con una gran sonrisa y antes de que ella dijese palabra alguna, le pregunté si vió a mamá, recién ahí me acordé que era miércoles y que debíamos habernos encontrado con nuestra madre. En ese momento comprendí porqué cuando el tren paró frente al hotel yo sentí esa fuerza que me empujaba hacia ese edificio, allí estaba nuestra madre…esperando a sus hijos. Hasta el día de hoy, en que escribo estas líneas, no sé cómo pudimos olvidar que ese día nos esperaba nuestra madre. Después de invitar a mi hermana a pasar a mi cuarto, le pregunté cómo era nuestra madre. Me describió a una señora con un rostro que reflejaba mucho sufrimiento, no le habían sido fáciles estos dieciocho años que había estado separada de nosotros. Norma me hizo saber que ella se había casado otra vez y que teníamos otra hermana llamada Betty, hija de su segundo matrimonio.

Mi madre quedó de ir nuevamente al hotel a la mañana siguiente para conocerme.

La ansiedad y los nervios no me permitieron dormir mucho aquella noche, no obstante, al día siguiente me levanté temprano para nuestro encuentro. Mientras estaba esperando a mi madre ciertos recuerdos afloraron en mi mente. El hecho de no haber tenido una madre había dañado terriblemente mi niñez. En mi edad escolar, todos los niños tenían a su madre que los esperaba de regreso a casa, todos menos yo. Cuando tenía problemas no había nadie a quien yo pudiera recurrir para hablar y buscar ayuda, me sentía muy solo. Cuando me peleaba, como lo hacen todos los niños, enjugaba mis lágrimas y guardaba todo por dentro, pues a mis abuelos no quería preocuparlos, ellos no eran mis padres. Las Navidades no quería ni recordarlas, veía a todos mis tíos abrazando a sus padres mientras yo me escondía bajo la mesa y deseaba abrazar a mi mamá pero ella no estaba. Pensé: "¿Para qué quiero ahora a mi mamá? La necesité mucho cuando niño, no la necesito ahora. ¿Qué hago aquí en este hotel? Mejor me voy. No voy a llamarle mamá a una persona que me abandonó cuando más la necesitaba". En ese preciso instante se oyeron unos pasos por el corredor, mi cuñado se acercó y me dijo: "es tu mamá". Yo quería salir corriendo, no quería verla.

Miré bajo la cama para ver si podía esconderme allí. Los pasos se oían cada vez más cercanos a la puerta. No sabía qué hacer, ¿Recibirla o esconderme como un cobarde? Me quedé estático, miles de pensamientos desfilaron por mi mente. En el último segundo avancé hacia la puerta y nos unimos en un gran abrazo. Mi madre lloraba y justificaba su larga ausencia, la consolé diciéndole que todo eso era el ayer, que hoy estábamos juntos y que no podíamos volver el tiempo atrás para corregir los errores del pasado, pero que sí podríamos hacer algo hoy para que el mañana sea diferente. Abracé luego a mi hermana Betty que nos miraba con una gran sonrisa. Por primera vez en mi vida estaba recibiendo el amor de mi madre y el calor de mi familia. El destino nos había separado por largos años, ahora nos había unido de nuevo. Ahora tenía a mi mamá, aunque esta palabra me costaba pronunciar pues no estaba acostumbrado a decirla.

Mi madre me invitó a vivir con ella, pues Mirko (que es como se llamaba mi padrastro) estaba plenamente de acuerdo. Él era un hombre dotado de una gran sensibilidad y calor humano. Mi madre se esmeró para que me sintiera cómodo en mi nuevo hogar. Todo estaba bien pero pronto supe que me iría de misionero. No le gustó la idea, me dijo:

- Hijo, por muchos años estuve separada de ti y ahora que te tengo a mi lado, el que me deja eres tú.

Traté de explicarle las muchas bendiciones recibidas a lo largo de mi vida; de la gran deuda que tenía con el Creador; que me sentiría muy bien dedicándole al Señor dos años de mi vida. Trató de entenderme pero su amor de madre no se lo permitió. Ella simplemente quería que yo me quedara.

Un día entre las cartas recibidas, había una muy especial que venía de la Iglesia. Era mi llamamiento para ir a una misión. Se me asignó la región Argentina Norte. Debía viajar a Montevideo en la brevedad posible y de ahí partir oficialmente a Córdoba, Argentina, donde estaba la casa de los misioneros. Era el mes de Junio y hacía frío en Buenos Aires. Llegó el día de la partida, mi madre me acompañó hasta el autobús que me llevaría a Montevideo. El día estaba gris y lluvioso. Me despedí de mamá agradeciéndole lo mucho que había hecho por mí por haber tenido una madre aunque solo haya sido por algunos meses. Subí al autobús, mi asiento daba hacia la ventana, miré hacia fuera y la vi... allí estaba mi madre. Me miró con mucha tristeza y me dijo: "Si decides volver recuerda que soy tu madre y te estaré esperando." Un nudo se me formó en la garganta, por primera vez sentí que aquella mujer era mi mamá, sentí un escalofrío y ganas de llorar, pero no quería que ella me viera hacerlo. Me quedé en silencio mirándola y los minutos que pasaban se me hacían horas. Por

fin el autobús se movió. Agité mi mano saludándola y lloré, lloré como pocas veces lo había hecho en mi vida. A pesar de todo, me sentía tranquilo aquel día. Sabía que cumplir una misión y estar dos años al servicio de Dios sería una experiencia que nunca olvidaría. No tenía ninguna duda que el aceptar ser un misionero, llenaría mi vida de bendiciones y me prepararía para los años futuros en los cuales yo debía tomar responsabilidades como el casarme y formar una familia. Siempre pensé que las familias son eternas y no quería pasar por el sufrimiento que tuvo que pasar mi madre. Mi mayor anhelo era que al terminar mis años como misionero, formaría mi hogar y que la palabra "divorcio" no sería parte de mi vocabulario.

De los dos años de mi misión y de las inolvidables experiencias espirituales que me tocó vivir no hablaré en este libro, pero sí dejar constancia que esos años me acercaron más al Señor y gané un testimonio de la divinidad del Salvador. Supe sin ninguna duda que Él es el único medio por el cuál podemos llegar otra vez a la presencia de nuestro Padre Celestial.

Al terminar mi misión me reencontré con mi madre. Allí estaba esperándome tal cual me lo prometió. Ahora comenzaba una nueva etapa en mi vida. Lo primero que hice fue buscar trabajo. Conseguí empleo en una gasolinera, pero no me adaptaba a ese trabajo como lo hice anteriormente. Los compañeros de trabajo les hacían toda clase de trampas a los clientes para obtener dinero sucio. Aquellas estafas eran algo normal para todos menos para mí, yo no quería ser deshonesto con la gente. Me era imperativo salir de allí. Recuerdo que hice un ayuno y le pedí a Dios que me ayude a encontrar otro trabajo. Como respuesta a mi oración, un día, de regreso a mi casa, pasé al lado de una mujer que llevaba un bolso. Era una vendedora. Seguí de largo, pero algo me dijo: "Vuelve junto a ella." Volví y le pregunté qué vendía. Me dijo que estaba vendiendo unos manteles muy caros y que necesitaban vendedores. Al día siguiente estaba en la compañía de los manteles y, aunque no tenía experiencia en ventas, empecé a trabajar para esa Empresa y renuncié a la gasolinera.

El trabajo de ventas me gustó mucho. Conocí casi todo Buenos Aires y no tenía un límite de cuánto dinero podía ganar, es más, ganaba todo el dinero que quería y por primera vez en mi vida el dinero abundaba en mi billetera. Tiempo después me fui a trabajar a otra Compañía, lo que más me gustó de esta empresa fue que se podía viajar por todo el país. Me sentía fascinado ya que cruzaría muchos horizontes, conocería nuevas ciudades…

mis sueños se estaban haciendo realidad. La primera ciudad en la que me tocó trabajar se llamaba Gualeguaychú. Del otro lado del río, que divide a la Argentina del Uruguay, estaba la ciudad Fray Bentos, en el Uruguay, y mi querida Mercedes se encontraba a solo treinta millas de Fray Bentos. Trabajaba de Lunes a Viernes en Gualeguaychú y los sábados me iba a Mercedes para estar con mis parientes, mis abuelos, tíos y primos.

Seguí cruzando horizontes y recorriendo otras ciudades hasta que llegué a Resistencia, la capital del Chaco Argentino. Quería seguir viajando pero algo me dijo que debía quedarme en aquel lugar, que debía permanecer allí por algún tiempo. Seguí en mi trabajo de ventas pero ahora ya trabajando por mí cuenta. Vendía todo lo que 'caía' en mis manos. Resistencia estaba muy cerca del Paraguay, país que yo no conocía, pero en el fondo sabía que muy pronto lo visitaría.

Cierto día conocí a una familia de apellido Pando, eran del Paraguay. Entre los miembros de aquella familia había tres mujeres jóvenes. Más tarde vino desde Asunción otra integrante de la familia, se llamaba Regina, ella estudiaba en Asunción y venía para estar al lado de su padre en el día de su cumpleaños.

Unos días más tarde se realizó un baile en una ciudad cercana llamada Corrientes, llegaron a aquella fiesta muchas mujeres bonitas entre las cuales se encontraba Regina. No soy un buen bailarín, como diría un poeta uruguayo llamado Abel Soria: "Salí más duro de pata que mi yegua pangare", pero a los bailes se va a bailar. A pesar de ello invité a Regina a bailar conmigo. Era una noche con una belleza sin igual. A pocos metros de la pista de baile corría serpenteante el río Paraná, a este río le dedicaron muchas canciones los poetas argentinos, no sé porqué aquella noche recordé la letra de una de estas canciones:

Mira que cabeza loca Poner tus ojos en mí

Yo que siempre ando de paso No podré hacerte feliz Olvídame te lo ruego

Yo soy como el Paraná Que sin detener su marcha

 Besa la playa y se va

Durante los últimos años yo había vivido como el Paraná, recorriendo ciudades sin detenerme, cada horizonte que se presentaba en mi camino, lo cruzaba. Durante todo ese tiempo se habían acumulado muchas mañanas a mi vida sin compartirlas con nadie, tenía entonces 29 años, era tiempo de formar un hogar.

En determinado momento la música se hizo lenta, estábamos bailando muy juntos, era el momento preciso para hacerle saber a Regina cuanto la necesitaba, lo mucho que me hacía falta.

Desde aquella mágica noche, Regina llenó el vacío que había en mi corazón. Luego de seis meses de noviazgo, el 11 de Agosto de 1977, nos casamos en la ciudad de Resistencia. A la boda fueron invitados todos mis parientes, la mayor parte de ellos viviendo en el Uruguay, distante más de 1000 kilómetros de Resistencia. Por la situación económica que mis parientes estaban pasando, no esperaba a ninguno de ellos, pero para mi gran sorpresa llego mi padre, desde el Uruguay. Hacía varios años que no nos veíamos, me llené de alegría al verlo, tenía en el día más importante de mi vida a mi padre. Parecía decirme con su presencia: "Aquí estoy hijo, no tuve el placer de que crecieras conmigo, en los días de tu niñez no estuve a tu lado, pero no quería que estuvieras solo en tu casamiento, viaje mucho y aquí estoy a tu lado". Toda mi vida crecí con la idea de que mi padre no me quería, pero aquel día supe que mi padre me quería mucho, no me lo dijo con sus labios, me lo transmitió con su mirada.

La luna de miel la pasamos en Asunción, no teníamos mucho dinero, por suerte sí teníamos a mi cuñado Mario, quien poseía una casa muy grande y llena de comodidades.

De regreso a la Argentina comenzaba mi vida de casado. Mi esposa Regina es, y sigue siendo, una buena mujer. Nos pusimos algunas metas y continué con mi trabajo de ventas. En ese tiempo la clientela estaba en Corrientes, una ciudad distante 30 kilómetros de Resistencia y por esa razón debía viajar cada mañana para retornar a la noche y debido a esto Regina estaba sola todo el día. No me pareció correcto que recién casados me tuviera que ausentar todo el día y dejar a mi esposa sola. Debía tomar una decisión y no esperar a mañana, por lo tanto, comencé a buscar algún trabajo que pudiera hacer en Resistencia y que pudiera hacerlo por mi cuenta. Esta idea se transformó en una obsesión para mí.

Tomé un bus hacia Corrientes. Mientras viajaba yo seguía pensando, estaba buscando una respuesta. Tuve la impresión de que algo que me decía: "Dedícate a la fotografía, hay mucho dinero allí." Era la respuesta que esperaba. Alguna vez aprendí que las ideas se pueden comprar a diez centavos la docena pues no tienen ningún valor, a menos que haya una acción. Ya tenía la idea, ahora había que entrar en acción. Tal fue mi emoción que aunque en ese momento el micro estaba atravesando un puente, si hubiese podido le hubiera ordenado al chofer que pare ahí mismo, en el medio del puente, para tomar otro bus que me llevara de regreso a Resistencia. Eso no era posible, por lo tanto tuve que esperar que el bus cruce el puente y llegue a Corrientes. De allí regresé a mi casa a comunicarle a mi esposa cual sería mi nueva actividad.

- ¿Y tú qué sabes de fotografía? Fue lo primero que me preguntó mi esposa.

- Por supuesto que nada – respondí pero voy a aprender.

Me acordé que tenía un amigo en Buenos Aires, Néstor, que sabía todo el proceso de la fotografía, desde tomar la misma hasta el revelado y la ampliación. Me propuse comunicarme con él inmediatamente. Fui a una cabina telefónica para llamar a mi amigo y le expliqué mi deseo de trabajar en fotografía y que me dijese por teléfono todo lo que tenía que hacer. Néstor me explicó lo más detalladamente posible todo el proceso del revelado y ampliación, como usar los químicos, que temperatura debían tener, pero luego me dijo que para poder hacer un buen trabajo debería ir a Buenos Aires y que él me enseñaría todo en un par de días. Diez minutos después de haber recibido esta sugerencia estaba comprando el pasaje para Buenos Aires. El próximo bus salía dos horas más tarde. Regresé a casa y le notifiqué a Regina que viajaba a Buenos Aires para aprender todo el proceso de revelado y ampliación de fotografías. Cuatro horas más tarde de tener aquella idea, me encontraba viajando hacia la capital. Iba pensando durante el viaje de cuan distinta sería la vida del ser humano si pusiera en acción sus ideas. Cuan agradecido me sentí por haber leído ese pensamiento tan sabio: "si tu futuro no está en lo que haces hoy, no esperes a mañana". Tantas ideas brillantes que pueden cambiar nuestras vidas si las lleváramos a la práctica, si las pusiéramos en acción, sin embargo, muchas se quedan allí almacenadas en nuestro cerebro.

El viaje duró diecisiete horas. Una hora después de haber llegado ya estaba en el laboratorio de Néstor. Aprendí todo muy rápido pues estaba muy motivado. Al llegar la noche, ya sabía el 90% de todo lo relacionado a la fotografía. Me quedé un día más solamente para platicar con mi amigo de todos los proyectos que tenía con mi nueva actividad: La fotografía. Y todo esto tres días después de haber tenido aquella idea y eso porque la puse inmediatamente en acción. Al terminar mi entrenamiento regresé a Resistencia.

A la mañana siguiente saqué mis primeras fotos y en la noche tenía dos rollos de película listos para revelar. Regina tenía, y sigue teniendo, la costumbre de dormir temprano, lo más tarde que se duerme es a las diez de la noche, pero aquella noche, en que yo revelaría mis primeros rollos de película, ella estaba atenta aprendiendo también a revelar. Muy pronto los rollos estarían listos, luego habría que ir a la ampliadora y fijar al papel. Fijé la imagen en el papel blanco, luego lo sumergí en los químicos para que apareciera la imagen. La figura de un niño en la foto comenzó a definirse hasta que finalmente quedó plasmada en el papel, seguidamente sumergí el papel en los químicos que fijarían definitivamente la imagen y por último lo enjuagué, la foto quedó lista. Al ver que todo estaba bajo control, Regina dio un profundo respiro de alivio y fue a dormir.

Mi nueva actividad como fotógrafo me gustó mucho. Era un trabajo muy agradable y lo que más me entusiasmó es que ganaba muy bien. Las fotos grandes se vendían por cuotas, pero lo que no pude prever, como nadie casi pudo hacerlo, fue la gran inflación que vino en la Argentina. Los precios de las mercancías subían a diario. Recuerdo que mandé comprar una partida grande de químicos, películas y otros elementos que necesitaba y pagué con cheque que mandé por correo, el cual no es muy rápido. Días después llame al proveedor y este me respondió que no podía enviarme nada, pues el cheque ya tenía diez días y los precios habían cambiado. La situación en la Argentina comenzó a ponerse muy crítica.

Un día fui a visitar a un amigo al cual apodábamos Lali. Al llegar a su casa lo vi manejando su nuevo automóvil el cual había comprado unas semanas atrás. Lali se había metido en una deuda muy grande para adquirir aquel vehículo. Conversando con él me dijo:

- Acompáñame a Córdoba, salgo mañana y no tengo compañero de viaje.

- Claro que me gustaría ir le dije pero debo convencer a Regina para que me permita viajar contigo.

- Vamos a tu casa – me dijo yo te acompaño y vamos a tratar juntos de convencerle.

Un rato después allí estábamos con mi amigo tratando de convencer a Regina para que pudiésemos viajar a Córdoba. No fue fácil pero finalmente accedió. Así fue como al día siguiente estábamos viajando hacia Córdoba.

El automóvil de Lali era muy cómodo. Muy pocas personas en la Argentina podían tener aquel tipo de automóvil. Al llegar a Córdoba pudimos apreciar las hermosas casas que había en algunas áreas. Se notaba que aquellas familias eran de clase pudiente. Fue observando una de aquellas hermosas casas de Córdoba en que Lali me hizo algunos comentarios que impactaron fuertemente mi vida, me dijo:

- ¿Sabes por qué compré este automóvil? Porque este vehículo me exigirá hacer un trabajo extraordinario para pagarlo. Estoy sacrificando un poco a mi familia, pero después de esta gira voy a ganar el dinero que en mi trabajo regular me llevaría meses.

Voy a juntar algún dinero, luego venderé mi casa y me mudaré a una donde viven las familias 'acomodadas' de Resistencia. ¿Y sabes por qué haré toda esta locura? Porque en el barrio donde estoy toda la gente es pobre, son buenas personas y los aprecio mucho, pero solo hablan de pobreza día y noche y la pobreza les sigue acompañando. Cuando tienen un problema grave cuya solución es dinero, solamente encuentran buenas intenciones de sus vecinos, pero con buenas intenciones no solucionan su problema. Si sigo en ese barrio, mis hijos, que ahora son pequeños, se relacionarán con los hijos de mis vecinos y nada diferente va a pasar con ellos. Pero cuando me mude a otro vecindario, los amigos de mis hijos serán gente pudiente y yo estaré entre ellos, y por ser ellos mis vecinos, poco a poco comenzaré a ser parte de su comunidad. Ahora vivo en la comunidad de los 'dirigidos', los que trabajan para enriquecer a otros. Estoy cansado de ser un 'dirigido'. Me mudaré a otro barrio donde están los 'dirigentes' y luego una de estas casas que están aquí en Córdoba será mía, porque los dueños son de la clase dirigente y yo seré uno de ellos. En aquel momento pensé en mi familia que había dejado en Resistencia. Vivíamos en una pieza de tres metros por tres metros. Era de bloques de cemento sin revocar, al lado yo había hecho un lugar para cocinar, todas las paredes eran de cartón, el baño tenía un hueco en la tierra y nos bañábamos con una manguera que pendía del techo. La grifería estaba bien retirada del baño y el que se bañaba tenía que gritar: "cierren la llave que ya me bañé." Esta 'vivienda' estaba al fondo de la casa de mis suegros. Cuando llovía fuerte se nos inundaba la pieza de agua y, entonces, salíamos a recorrer el vecindario hasta que calculábamos que el agua ya se habría ido y recién entonces regresábamos.

Le agradecí a Dios y a mi amigo Lali, por haberme invitado a recorrer Córdoba, pues volví a Resistencia con una meta. Ya no quería vivir allí. Yo quería ser un 'dirigente'. Quería vivir en otro lugar donde tuviese mejores oportunidades. Miré a mis dos hijos que tenía en ese momento, César de un año y medio, y Ángel de apenas dos meses. Mudarme a otro lugar no era una decisión fácil, pero 'el tiempo no perdona', por lo tanto, aunque me gustaba mucho la Argentina, tomé la decisión de viajar al Paraguay. En ese entonces, allá por el año 1980, Paraguay ofrecía una mejor calidad de vida que la Argentina. El país era más chico, pero tenía estabilidad económica y en aquel tiempo era gobernado por un hombre que llevaba cerca de treinta años en el poder. Su nombre: Alfredo Stroessner.

3. NUESTRA VIDA EN PARAGUAY

(Arriba: mis hijos Cesar Alberto y Angel Abajo: Angel y Cesar)

Llegamos al Paraguay y fuimos bien recibidos por nuestros parientes paraguayos. Solamente llevamos unas pocas ropas, pero un deseo muy grande de triunfar. Como mi habilidad estaba en las ventas, me dediqué a vender libros y gracias a la ayuda del dueño de la librería compré mi primer vehículo. Ahora me empezaba a sentir como mi amigo Lali: tenía un automóvil para recorrer el Paraguay. Mi trabajo consistía en recorrer las escuelas del país y vender libros a los maestros. La forma de pago se hacía a través de una solicitud de descuento que los maestros firmaban y luego eran presentadas al Ministerio de Educación con sede en Asunción. Allí se les hacía el descuento directamente de sus haberes. Era un buen negocio para el dueño de la librería pues cobraba todo lo que vendía y no había retrasos en los pagos. Yo cobraba por comisión pero en mi caso si había retrasos, pues nunca cobraba todo el importe de la misma. Ciertamente estaba mejor que en la Argentina pero todavía no estaba ganando lo que quería. Necesitaba hacer algo "extraordinario". Cuando uno busca superarse, la ayuda de Dios es muy importante, por lo tanto yo pedía por ayuda de lo alto y al mismo tiempo salía a trabajar cada mañana. En esos días llegó a mis manos un ejemplar del libro Piense y hágase rico de Napoleón Hill. Era la segunda vez que tenía este libro en mis manos. La primera vez lo leí en Buenos Aires. Me gustó mucho pero no hice nada de lo que aconsejaba Napoleón Hill para obtener riquezas. Esta vez sería diferente, ahora sí quería ser rico.

Teníamos en ese momento, dos hijos más que habían nacido en el Paraguay, Alberto y Karen. Ahora mi familia se componía de cuatro hijos (cuatro hijos que muy pronto me pedirían algo más que vestido y comida). Ahora tenía una razón más poderosa para querer ser rico. Comencé nuevamente a leer aquel libro. Narraba historias de grandes hombres como Henry Ford y Thomas Edison entre otros, y relataba todo lo que tuvieron que hacer para ser reconocidos mundialmente. Sus vidas no fueron fáciles, pero todo lo que consiguieron lo lograron porque primeramente lo visualizaron y aquella idea se transformó en una "obsesión".

Se repetían a sí mismos: "lo quiero y lo conseguiré". A pesar de que tuvieron muchos fracasos, estos hombres no tenían una simple idea pasajera, lucharon por lo que querían y gracias a ello hoy nosotros disfrutamos de muchos de sus inventos. Entre las muchas cosas que leí de aquel libro, supe que debería exigir a mi cerebro que me provea de ideas, pero debía estar "bien atento" porque la idea que podría cambiar mi vida podía pasar por mi mente con la velocidad de un rayo y si no estaba atento, probablemente la perdería. Además aprendí que con desear solo las cosas no lograría nada, debía "hacer", trabajar en ello a pesar de las dificultades y de las desilusiones.

Al leer aquel libro amplié las expectativas de mi vida, me vi triunfante y alcanzando mis más anhelados sueños. Quería ser diferente, quería ser autosuficiente. Mientras más leía, más me convencía y me dije a mi mismo: "yo también puedo". A partir de aquel día que comencé a buscar el negocio que podía emprender por mí mismo para alcanzar mis metas. Tuve el sentimiento de que antes de preocuparme por mí mismo debía ayudar a otras personas. Más tarde comprendí que al ayudar a otros a alcanzar sus metas yo también alcanzaría las mías. Entonces, fue eso lo que hice busqué la manera de apoyar a aquellos que eran menos afortunados que yo.

Cierto día me encontraba trabajando en el sur del Paraguay, en una ciudad llamada Pilar, la cual se encontraba en una zona bastante baja y fácilmente inundable. En esta ciudad había una fábrica muy grande de tejidos donde trabajaba la mayor parte de la población de la ciudad. Los turnos eran de ocho horas y el sueldo que recibían aquellos trabajadores apenas les daba para vivir y con muchas privaciones. Los caminos de acceso a Pilar no estaban pavimentados, la ruta principal y más cercana quedaba a 144 kilómetros de allí y cuando llovía las rutas se clausuraban y, debido a esto, muchas veces la gente quedaba en mitad del camino por varios días, hasta que las autoridades decidían abrir nuevamente las rutas.

Debido a sus escasos ingresos, la mayoría de los empleados todo lo que podían comprar para trasladarse era una bicicleta. Muchas veces observé a aquellos hombres al salir del trabajo. Se movían al compás del pedaleo, hombres felices de terminar la jornada para ir a descansar a sus hogares, pues allí les esperaba una comida que estaba acorde con sus ingresos. Me daba mucha pena aquella gente. Los hombres trabajaban muy duro y sus hijos esperando cumplir dieciocho años para poder trabajar en la fábrica.

Me propuse hacer algo por aquella gente. Algo que les ayudase a cambiar su vida y que les posibilite ver otros horizontes. Unos días más tarde, junté a cuatro de aquellos trabajadores con el objetivo de tener una reunión que estaría orientada a poner metas a fin de buscar la independencia financiera y la autosuficiencia. Analizamos el trabajo en aquella fábrica. Ninguno de estos hombres estaba conformes con aquel empleo. Entonces, me pareció prudente que supieran el significado de la palabra "empleo":

Estar
Mal
Pagado
Legalmente
Escuchando
Ordenes

Muchas personas no estarán de acuerdo con esta definición de la palabra "empleo" pues dirán "yo gano bien". Pero lo que muchos no saben, es que cuando empiezan a ganar bien y en la compañía deciden hacer algún recorte de personal, los primeros que son despedidos son precisamente los que ganan bien. Por supuesto, en aquella fábrica todos ganaban lo mismo: no había nadie ganando buen dinero.

Aquellos hombres coincidieron en que había que hacer algo, pero el problema era: ¿qué hacer? En el Paraguay es costumbre que la gente coma casi a diario un tipo de pan que hacen con almidón, chipa. Es una comida muy tradicional y muy apetecida en todos los hogares sin importar la condición social de la familia. Les pregunté a aquellas personas si había alguien quien les vendiese "chipas" a los trabajadores durante el almuerzo. Su respuesta fue "no". Tampoco había nadie ofreciéndoles "mosto helado" (un refrescante jugo de caña de azúcar con hielo). Si ustedes les dije comenzaran a hacer esto, van a ganar cuatro o cinco veces más dinero que el que ganan en su turno de trabajo. Uno de aquellos hombres era especialista en hacer chipa. Estuvo en ese negocio mucho tiempo y ganaba más dinero del que le pagaban en la fábrica, pero no le gustaba de que le dijeran "chipero" ya que consideraba que era desagradable ser un "chipero" pues en ese entonces era costumbre que el vender "chipa" era una tarea de mujeres, a quienes se les llamaba "chiperas". De ahí que prefirió hacer todo lo que el pueblo hacía: trabajar en la fábrica. Otro de aquellos hombres tenía un motor que normalmente utilizaba como motobomba para sacar agua en tiempo de inundaciones.

Aquel hombre comentó que conocía a una persona que tenía en su casa muchas cosas de hierro para la venta, y que recordaba haber visto ruedas de hierro y que esto era todo lo que él necesitaba para triturar la caña y hacer el mosto. El tercer hombre compartía la idea de juntarse con el dueño del motor y el chipero para asociarse y trabajar juntos en el proyecto de vender las chipas y el mosto helado a los obreros de la fábrica. En cambio, el cuarto hombre no participaba para nada en aquella reunión, es más, estaba con los ojos fijos en el suelo. ¿Quién sabe que preguntas pasarían por su mente? Por momentos pensé que aquel hombre estaba aburrido y que quizás solo esperaba que termináramos aquella reunión para irse a su casa. Los otros tres hombres siguieron soñando con ser dueños de su propio negocio. Este nuevo emprendimiento no podía fallar ya que a todos los paraguayos les gusta la chipa y el mosto helado. Solamente había que pasar de las palabras a los hechos. Tenían el motor para moler la caña, el chipero contaba con toda su experiencia, pero faltaba una cosa: las ruedas de metal para moler la caña.

Antes de terminar la reunión, leímos nuevamente la sabia e inspiradora frase "si tu futuro no está en lo que haces hoy, no esperes a mañana". Volví a preguntarles si entendían bien todo lo que encerraba esta afirmación. Todos, inclusive el hombre aburrido, dijeron "sí".

Bueno – dije -, entonces, si lo entendieron, quiero pedirle a José (que era el dueño del motor) que por favor vaya esa misma noche a buscar las ruedas y las lleve a su casa, para que a la mañana siguiente estén listas para adaptarlas al motor.

José miró el reloj y sacudió su cabeza.

- Son las ocho de la noche – dijo -. Ya es un poco tarde.

- El dueño de las ruedas es tu amigo – le dije -. No importa que sea tarde. Les recuerdo que es muy peligroso esperar a mañana. Vaya junto a su amigo ¡ahora mismo!

Nuevamente José sacudió su cabeza y dijo:

- Entiendo que no debo esperar a mañana, pero iré mañana. No me olvidaré, pues me queda en el camino a la fábrica. Solo tendré que desviarme una cuadra. No se preocupe Luis, mañana tendré esas ruedas.

Me despedí de aquellos hombres y les deseé suerte en su proyecto. Les recordé que al día siguiente yo partiría de allí y que volvería recién dentro de seis meses. Les dije que cuando regresara los quería ver triunfantes y que cuando tengan alguna idea la ejecuten inmediatamente, pues las ideas no tienen ningún valor si no están acompañadas de acción. A pesar de que sentía que había sido de gran ayuda para aquellas personas me quedé pensando en el hombre que había estado en la reunión sin abrir la boca. No había participado en ningún proyecto. Me dije que seguramente, cuando yo volviera, seguiría acumulando mañanas a su vida sin hacer nada. Pensando en esto estaba cuando de pronto lo vi. Iba en su bicicleta y seguía pensativo. Le hice señas para que se detuviera y me saludó muy efusivamente. Iba a hacerle algunas preguntas cuando me interrumpió y me dijo:

- No sé si los otros van a hacer lo que dijeron. Quizá usted notó que anoche yo estuve muy callado. Pero no hablé porque estaba pensando que voy a hacer yo, y todavía estoy pensando que voy a hacer. Hoy es el primer día que tengo después de haber aprendido que no debo "esperar a mañana" cuando tenga algo que hacer. No me gusta la fábrica. No quiero darles un destino de pobreza a mis hijos. Voy a esforzar mi mente para que me dé ideas y le prometo, Luis, que cuando tenga una idea la llevaré a la práctica inmediatamente. Quiero que sepa que no esperaré a mañana. Comenzaré con lo que tenga a mano y nada va a detenerme hasta que lo haya logrado.

Vi una determinación y deseos en aquel hombre que no vi en los otros tres. Me di cuenta de que no solo había que querer hacer algo, sino que a este deseo, había que ponerle "pasión", la cual se transformaría en esa "obsesión", en un lo quiero y lo conseguiré.

¡Que diferente sería nuestra vida si tuviéramos esa misma determinación cuando vamos a hacer algo!

Me fui feliz de Pilar aquel día. Sabía que Pedro (así se llamaba ese hombre) tendría éxito en cualquier cosa que emprendiera. Me sentí feliz de haber compartido mis conocimientos con estas personas.

Tiempo después, y mientras recorría otras ciudades como vendedor de libros, pensaba que estarían haciendo aquellos hombres en Pilar. ¿Habrían comenzado a hacer algo? ¿Qué estaría haciendo José? ¿Qué haría Pedro? Los meses seguían transcurriendo y pronto volvería a verlos. También mientras viajaba pensaba constantemente que haría yo para poder salir adelante con mi propio negocio. Deseaba algo que sea mío pues ya no quería trabajar para otros.

Finalmente, llegó el día de regresar a Pilar. Estaba muy emocionado. Cuando entré en la ciudad, lo primero que hice fue ir a la casa de José (el dueño del motor) para saber si había ido a buscar la rueda de hierro para moler la caña de azúcar. Cuando me vio agachó la cabeza. Aquello me confirmó que nunca fue a buscar la rueda. Le saludé y le pregunté:

¿Verdad José que no tiene todavía las ruedas en su poder?
- No. No las tengo – me respondió.
- Bueno – dije ahora se pasaron ciento ochenta mañanas, seis meses, y usted sigue esperando a mañana.

José agachó nuevamente la cabeza. Se sintió muy avergonzado.
- Vaya a ver a Pedro – me dijo , él si hizo algo. Vaya a su casa

para que le cuente.

Llegué a la casa de Pedro y me recibió muy gozoso. Era otro hombre, se lo veía feliz. Ya no trabajaba en la fábrica había logrado su objetivo. Tenía un pequeño almacén donde vendía productos de consumo diario. ¿Pero cómo empezó Pedro aquel almacén? Este hombre de escasos recursos y viviendo en un país pobre, me relató su extraordinaria historia de valor y determinación. Aquel día cuando Pedro se despidió de mí, seis meses antes, ya había decidido comenzar a hacer algo que le permitiese ganar por lo menos el dinero que ganaba en su empleo. Sabía perfectamente lo peligroso que era esperar a mañana, él se había decidido a hacer algo. El problema era que cada vez que pensaba en algún negocio se tropezaba con el primer gran obstáculo: el dinero, cada idea que le venía en mente tropezaba con el mismo problema: no tenía suficiente dinero para comenzar. Habían pasado dos días y Pedro sintió que había perdido días de su vida que ya no podía recuperar. Al tercer día, venía manejando su bicicleta rumbo a su casa cuando de repente frenó bruscamente y se dijo a sí mismo: "no regresaré a mi casa hasta que tenga algo en mis manos, algo me que me haga comenzar hoy mismo el negocio, algo que me permita dar a mi familia lo que ellos se merecen. No llegaré a mi casa y no me importa cuánto tiempo me quede aquí." Aquel día descubrió la manera de superar el obstáculo del dinero: compraría maíz para hacer pororó (palomitas de maíz). Ese día llegó a su casa con dos bolsitas de maíz, y como todavía era temprano, lavó una olla de hierro que hacía años no

usaba, hizo fuego y puso manos a la obra. La esposa y los hijos lo miraban extrañados y se preguntaban si qué le estaría pasando a ese hombre por la cabeza. La primera bolsita de maíz fue echada en aquella olla resultando un desastre total, ya que muy pocas palomitas explotaron y el resto del maíz jamás estalló. Se dio cuenta que había cometido dos errores: primero, la olla no estaba suficientemente caliente y segundo, había puesto mucho aceite. Volvió a repetir la operación y como resultado la segunda bolsita fue en éxito total: todos los granos de maíz se transformaban en blancas palomitas.

La primera bolsita fue vendida entre sus vecinos. Aquellas monedas que había invertido Pedro en su negocio, se habían triplicado. Aquella noche no durmió, se imaginaba vendiendo palomitas de maíz en toda la ciudad, y luego invirtiendo el dinero en otras mercaderías de consumo diario. Ese sueño se había hecho realidad, pues ahí estaba Pedro con su propio negocio y ganando dos veces más que en la fábrica y trabajando sin ningún tipo de estrés. Tenía la meta de seguir agrandado ese almacén hasta que se transformara en un supermercado.

Tiempo después, en otro viaje, volví junto a Pedro y en esta ocasión él ya había comprado un bote con el cual recorría el río Paraguay en busca de pescadores y les cambiaba mercaderías por pescado, luego congelaba los pescados y los vendía a camiones frigoríficos que venían del Brasil y que compraban pescados

por toneladas. Hoy Pedro es un comerciante y la calidad de vida que vive es muy superior a sus antiguos amigos de la fábrica. Lo interesante de la historia es que su primer negocio comenzó con unas pocas monedas con las cuales adquirió aquella bolsita de maíz.

Alguien dijo que cuando hacemos algo con nuestra idea, tendremos resultados, y estos resultados pueden ser positivos o negativos. Si fueron negativos, habrás ganado experiencia más si fueron positivos, habrás ganado dinero, pero siempre ganas. Lo malo es buscar excusas para no hacerlos porque las excusas no tienen ningún valor en el mercado. Nadie jamás ganará un peso por dar excusas.

Aquella experiencia con Pedro me motivó para seguir buscando mi propio negocio. Algunas cosas a veces no llegan de la noche a la mañana y no en balde se dice que los que triunfaron usaron el 1% de inspiración y el 99% de transpiración. Sabía que si quería tener algo en mi vida, tenía que hacer trabajar duro por ello. Del libro Piense y hágase rico, aprendí que a veces las ideas brillantes pasan por nuestra cabeza con la velocidad de un rayo y si no estamos preparados para trabajar con esta idea, las mismas se nos escapan. Lo malo de eso es que esas ideas pueden cambiar nuestras vidas, las cuales no nos visitan muy a menudo.

Según los chinos, las oportunidades que podrían cambiar nuestra vida golpean todos los días la puerta de nuestra casa, pero no todos las oyen. Pero no basta con solamente oírlas, debemos invitarlas a entrar, hacerlas amigas nuestras y trabajar con ellas, de otro modo no obtendremos resultados.

Estando en Asunción, cierto día, fui a visitar a un amigo que era gerente de una compañía de ventas de seguro para sepelios. No contaban con muchos vendedores y me relató algo con respecto a la idiosincrasia del pueblo en ese sentido. Para la mayoría de los paraguayos, en especial para la gente con poca educación, hablar de la muerte significaba atraer a la muerte. En ese entonces yo tenía una camioneta cerrada cuyos asientos podían ser movidos de tal forma que quedaba un lugar muy grande para cargar los libros, y mi amigo, viendo la misma, propuso comprarme la camioneta para uso de la empresa. Esto me produjo curiosidad y, entonces, le pregunté para qué él querría mi camioneta. Me respondió que cada vez que algún afiliado fallecía, normalmente la defunción se producía en el hospital y el cuerpo solo podía ser retirado del mismo en una ambulancia y las ambulancias eran muy caras. Debido a esto, le habían encargado a mi amigo buscar una camioneta con la capacidad interior para retirar el cuerpo del fallecido. Le dije que eso significaba que si yo montara un negocio como el de ellos ya les estaría llevando ventajas pues ya tenía en qué retirar el cuerpo, a lo que mi amigo respondió que sí.

Aquella idea se quedó grabada con fuego en mi cabeza, regresé a mi casa, y le dije a mi esposa muy emocionado:

- Ya tengo el negocio que andaba buscando.

- ¿Cuál es? – preguntó mirándome medio asombrada e incrédula. Cuando le comenté mi idea su aspecto cambió por completo.

Se puso pálida y me respondió cuestionándome seriamente mis proyectos. Evidentemente no fueron palabras de ánimo. Muchas veces cuando queremos hacer algo encontramos obstáculos.

Mi esposa no creía en aquel negocio y menos aún quería que me envuelva en algo en el cual estuviese involucrada la muerte.

Recuerdo que los más suave que me dijo es que si no se me había ocurrido un negocio más alegre. Pero yo ya había tomado una decisión. Esa noche era una masa de nervios y de nuevo oí muy fuerte la inconfundible voz que me había hablado otras veces y que me repetía nuevamente: "no esperes a mañana, vuelve junto a tu amigo esta misma noche y hazle saber de tu plan". Esa misma noche regresé junto a él. Se extrañó que le visitara nuevamente

y me preguntó si es que me había olvidado algo, le respondí que no, sino que necesitaba hacerle saber algo muy importante, y sin más preámbulo le compartí mi deseo de querer comenzar un negocio exactamente igual al que él estaba involucrado. Yo no sería su competidor, puesto que el área de acción de ellos era Asunción, y yo estaba pensando trabajar con el Ministerio de Educación y conseguir de alguna forma el visto bueno del Ministro, para que pueda asociar a los maestros. Todo esto lo pensé mientras regresaba a la casa de mi amigo, ya que como los maestros están regados por todos los rincones del Paraguay, yo podía realizar el mismo negocio sin entrar en competencia con ellos.

- Si me quieres ayudar – le dije -, te lo agradecería mucho. No he venido a robar información. Te he hablado de frente y si me

ayudas te lo agradecería eternamente, pero si no lo haces, lo haré de cualquier forma aunque me lleve más tiempo. Pero de hacerlo, lo voy a hacer.

- Claro que te voy a ayudar – me dijo José viéndome tan decidido -. Lo más importante es que tengas los estatutos, que son lo términos legales para registrar la empresa. Aquí los tengo y te los voy a enseñar.

Allí estaban los papeles que yo necesitaba para empezar mi negocio. Me atreví a pedirle que me los preste para estudiarlos en casa y que al día siguiente se los devolvería. Esa noche llegué a casa bien tarde, por suerte a mi esposa le gustaba dormir temprano.

Escondí bien los estatutos, pero esa noche no pude dormir. Había conseguido algo muy importante pero lo más difícil sería conseguir la autorización del Ministerio de Educación para que a

los maestros se les descuente automáticamente de sus salarios, el pago de la cuota del sistema de seguro para sepelio. No cualquier empresa podía conseguir eso, ya que para eso tendría que estar en cierta medida dentro del grupo de las empresas privilegiadas que trabajaban con el Ministerio.

La tarea que me esperaba no iba a ser fácil pero tampoco imposible. Agradecí a Dios que aparte de haber leído las Santas Escrituras que me habían acercado tanto a él, también había leído aquel libro titulado "Piense y hágase rico." La fuerza del pensamiento es poderosísima porque todos fuimos hechos por el todopoderoso. Me dije a mí mismo que si mi Padre Celestial a hecho este mundo maravilloso y todos los astros que se mueven en nuestras galaxias, yo con su ayuda puedo hacer esta empresa y hablar con el Ministro de Educación. Es solo cuestión de tiempo. Y pensando en esto, me dormí profundamente.

Al día siguiente me levanté temprano para emprender mi nuevo proyecto, no obstante me di cuenta que no podía hacer el negocio yo solo. Debía buscar un socio que aportara el capital para llevar a cabo el emprendimiento y al mismo tiempo que tuviera las amistades que nos llevarían junto al Ministro de Educación al cual yo solo lo veía por los periódicos y la televisión.

Creo que la palabra es muy poderosa, pues cuando veía al Ministro decía: "muy pronto estaré sentado junto a ti para que me autorices trabajar con el Ministerio y sé que aceptaras mi ofrecimiento porque mi compañía brindara ayuda en los momentos más críticos de un docente, que es cuando pierden un ser querido. Trabajaremos juntos, ya lo verás". Y repetía esto mismo cuando lo veía en la televisión. Comencé a pensar en hablar con los futuros socios, pero cuando se enteraban de que se trataba el negocio muchos se burlaban de mí. Me decían cosas como "vamos a hacerlo y quizás podemos conseguir descuentos si los enterramos por docena". Nadie creía en mi negocio, pero lo importante es que yo sí creía. Me repetía que ya iban a aparecer los socios adecuados, que era cuestión de seguir buscando y no renunciar.

Cierto día mientras regresaba a mi casa pensaba en quien podría ser mi socio. Tenía que ser paraguayo y estar afiliado del partido político que gobernaba el país, debía ser alguien con poder porque teníamos que enfrentar al Ministro y convencerlo de la seriedad de nuestra compañía – que iba a ser completamente nueva y que al mismo tiempo acepte nuestra oferta, la cual prácticamente muy pocas personas creían que esto pudiera realizarse. En aquellos días recordé lo que dijo el Salvador cuando estuvo en la tierra: "si puedes creer, pues al que cree, todo le es posible".

Era un día viernes y me hallaba de regreso a mi casa, todavía no sabía quién sería mi socio. De repente me acordé de mi amigo Pedro, que en un día decidió no llegar a su casa sin algo en sus manos que le ayudara a cambiar su vida y la determinación que tomó de frenar su bicicleta y esperar allí hasta que recibiera la inspiración, y la recibió. Mientras pensaba en esto me hallaba atravesando un puente en cuyo lado opuesto se encontraba la ciudad de Asunción y allí mismo tomé una determinación: "yo tampoco llegaría a mi casa a menos que supiera el nombre del que sería mi socio". Y fue así como a la mitad de aquel puente, cruzó por mi mente cruzó el nombre de Julio Udrizar. En ese momento supe que tenía que ir a verlo inmediatamente y no esperar a mañana. Sin más emprendí viaje hacia Paraguari, donde vivía Julio.

Llegué a casa de mi amigo Julio muy entrada la noche. En el portón de entrada de la propiedad había un candado muy grande y desde allí se podía ver la casa que distaba unos mil metros de donde me encontraba. Me disponía a atravesar aquel portón y caminar hasta aquella casa, cuando de repente, un vehículo se aproximó a la entrada. Sus luces me encandilaron y no pude ver quien estaba llegando, pero cuando se bajó del automóvil lo reconocí, era Julio Udrizar. Me recibió con mucho agrado, aunque un poco extrañado, ya que hacía varios años que no le veía.

Como es costumbre es nuestros países, me invito a cenar. Terminada la cena me hizo la pregunta de rigor: "¿Qué te trae por aquí?". Le presenté mi proyecto y le hice saber que aquel negocio no podía fallar pues yo había presentado el plan de seguro para sepelio a muchos profesores y casi todos lo habían aceptado. El problema era como llegar hasta el Ministro de Educación, plantearle la idea y luego hacer que la acepte. Esto era, a simple vista, algo no tan fácil de conseguir pero por alguna razón le dije he venido a compartir esto contigo. Julio me miró por un largo rato sin decirme nada pero había una sonrisa en sus labios mientras me observaba. Por momentos pensé que me diría "¿Cómo piensas que yo, un ciudadano simple que vive en una casa en el campo, tenga las influencias necesarias para lograr que nos enfrentemos con el Ministro?" pero para mi asombro me respondió:

- Ya está hecho el negocio

- ¿Cómo que está hecho? – Le pregunté ¿Tientes tú los contactos para llegar junto al Ministro?

Y ante mi pregunta, de nuevo apareció la sonrisa inquisidora. No me había equivocado de hombre, Julio tenía una hermana que estaba casada con el primo hermano del Ministro, todo lo que había que hacer era ir junto a su cuñado exponerle el negocio y luego presentárselo al Ministro para solicitar su aprobación.

Como de costumbre, aquella noche no pude dormir. Me veía en presencia del Ministro, planteándole aquel negocio y cumpliendo con mi más anhelado deseo, del cual nunca había renunciado y que me había propuesto cada vez que veía su foto: "Muy pronto estaré sentado frente a ti." Para que este sueño se realice, solo había que esperar unos pocos días más. Si bien esto era lo que yo pensaba aquella noche, en verdad no sabía que aquellos días se alargarían más de lo que yo creía ya que Julio tenía un viaje pendiente a la ciudad de Buenos Aires.

Algunas semanas más tarde que se me hicieron como largos años llamé al cuñado de Julio para saber si tenía noticias de él. Me dijo que no sabía nada, solamente que seguía en Buenos Aires. Yo

no tenía suficiente confianza con aquel hombre como
para hacerle saber que realmente era él la persona indicada para
presentarse al ministro, y de ahí que esperaba la mediación de Julio
en el asunto. Quedé en llamar a aquel hombre cada semana para
saber del regreso de Julio. Las semanas seguían pasando
y Julio no regresaba. Para ese entonces, debido a que siempre
hablaba por teléfono con aquel hombre ya se había producido un
acercamiento entre nosotros. Cierto día me lo encontré en
Asunción y le relaté el porqué tanto necesitaba hablar con Julio y
que realmente era a él a quien Julio había propuesto como la
persona indicada para mediar en el negocio. Le propuse que le
presentáramos la propuesta al Ministro ya que no quería que se
siguieran acumulando las mañanas. Teníamos que actuar. Para mi
sorpresa aquel hombre accedió y me propuso encontrarnos el
próximo lunes a las nueve de la mañana frente al Ministerio de
Educación.

Aquel día señalado nos encontramos puntualmente en dicho
lugar. Entramos y cuando nos dirigíamos hacia el despacho del
Ministro vimos la larga cola de personas que estaban allí solicitando
audiencia para verlo. No nos detuvimos, fuimos directo a hablar
con la secretaria. Aquel señor mostró sus documentos y se presentó
a sí mismo como el primo hermano del Ministro y entramos a su
oficina inmediatamente. Allí estaba frente a mí el hombre al cual yo
solamente veía en los diarios y en la televisión. Aquel deseo
ardiente que yo tenía de entrevistarme con él, pese a los muchos
obstáculos, se había hecho realidad. Minutos después, yo tenía la
aprobación del Ministro dándome "luz verde" para que pudiéramos
realizar los descuentos a los maestros dependientes del Ministerio
de Educación. Finalizada la entrevista yo sentía que mis pies no
tocaban el suelo. Estaba muy emocionado pues sabía que mi vida y
la de mi familia serían muy diferentes a partir de aquel día.

La primera semana que me tocó trabajar para mi propia
compañía fue una experiencia muy emocionante. Yo era el dueño
de aquella empresa. Ya no era un simple vendedor. Tuve que
trabajar duro pues la empresa no era conocida, pero el hecho de
tener la autorización del Ministerio de Educación hacía que los
maestros se asociaran por docenas. Aprendí una técnica que me dio
muy buenos resultados: primero asociaba a la directora de la
escuela y luego solamente tenía que mostrar a los demás docentes
de la institución el contrato que había hecho con la ella y, entonces,

estos se asociaban de inmediato.

Dos años más tarde, yo estaba ganando el equivalente a mil dólares mensuales, lo cual para el Paraguay en aquel tiempo era una cantidad impresionante de dinero. Ya no necesitaba trabajar, solamente tenía que esperar el día en que el Ministerio pagaba a las compañías e ir a buscar el cheque. Todo funcionaba muy bien. Tuve la oportunidad de conocer prácticamente todas las escuelas del Paraguay y esto me hizo sentir un profundo respeto por los docentes de ese país, pues muchos de ellos son gente muy sufrida. Su salario no pasaba los cincuenta dólares al mes. Muchos de los que trabajaban en el campo eran considerados de cuarta categoría, por lo tanto, su salario no pasaba los diez dólares. Los padres de los alumnos de estas comunidades daban de comer a los maestros de lo contrario hubiesen pasado hambre. A pesar de su mísero salario, cuando tenían un alumno cuyos padres eran tan pobres que no podían comprar lápices o cuadernos, aquellos maestros les compraban dichos elementos. Lo hacían todo por amor a sus alumnos y a su patria.

De entre todas las experiencias que tuve con los maestros hubo dos muy específicas las cuales nunca me voy a olvidar. Cierto día que visitaba las escuelas, en un lugar determinado, había un solo maestro para todos los grados. La voz de aquel hombre se escuchaba en todas las aulas y ponía lo mejor de sí cuando enseñaba. Se podía percibir el gran amor que tenía por sus alumnos.

Aquel hombre era de los profesores de cuarta categoría. Al entrar en aquella escuela se podía sentir que aquel educador no trabajaba por dinero sino por amor a sus estudiantes y a su patria. La otra experiencia fue con una maestra. Llegué a su escuela en medio de una gran tormenta, el horizonte estaba totalmente oscuro, grandes nubes negras cubrían todo el cielo. Aquella escuela había sido revocada con barro pero con el paso del tiempo y por la acción de las aguas tenía muchos huecos en las paredes. Los bancos y las mesas que utilizaban los niños eran troncos cortados por la mitad. Se veía a las maestras y sus niños en aquella escuela muy oscura, con total ausencia de agua y electricidad. En medio de aquel ventarrón lo que quedaba de la bandera paraguaya era agitada por el fuerte viento. Para evitar que los niños se mojaran, la maestra sacó a los niños afuera. Todos estaban descalzos. Formaron filas, cantaron el himno nacional y salieron corriendo cada uno a sus casas. Me puse a meditar cuán grande era la diferencia con los maestros de las ciudades que enseñan con todas las comodidades y ganando un salario completo. No recrimino su labor, porque el trabajo de un docente es una tarea muy sacrificada, pero sí debo decir que hay una gran diferencia entre el docente que ejerce en la ciudad y al que al que le toca enseñar en el campo, aparte de la dificultad que en el Paraguay se hablan dos lenguas, el español y el guaraní. Al maestro que va al campo le toca lidiar con los niños que apenas saben algunas palabras en español, pues en el campo y en las tareas propias de los labriegos, no necesitan hablar español. El idioma guaraní es muy rico en expresiones que son difíciles de traducir al español. Por otro lado limita al campesino a depender toda su vida de las tareas agrícolas, pues cuando trata de trabajar en las grandes ciudades se ve muy limitado, ya que muchas veces no entiende lo que se le dice. Se puede decir que al paraguayo que vive en el campo, en especial los que no poseen propiedades, a menos de que ocurra algún hecho que cambie el curso de su vida, están destinados a vivir en la mediocridad. Esto era lo que más me preocupaba de los campesinos, porque yo también fui uno de ellos.

Corría el año 1986 cuando mi negocio empezó a estancarse. Ganábamos muy buen dinero, pero en una economía cambiante como era la del Paraguay, todos temían a la suba del dólar y al consecuente debilitamiento de la moneda oficial, el guaraní.

En ese año se hablaba de cambios en el gobierno. El país seguía entando bajo el gobierno del General Stroessner y si bien este hombre tenía muchos partidarios, también tenía poderosos enemigos. Los rumores de que subiría otro presidente eran cada vez mayores. Evidentemente esto no favorecería mi negocio ya que el nuevo gobierno podría desconocer el trato que habíamos hecho con el anterior y perderíamos el negocio con el Ministerio de Educación, lo cual hubiese sido una tragedia para mi familia, ya que dependíamos 100% de los ingresos que recibíamos de aquella institución.

Le comenté a mi esposa que quizás sería prudente vender nuestra compañía e irnos a vivir a otro país que nos ofreciera mejores oportunidades. Pensamos en volver a la Argentina, pero esa opción no nos atraía mucho. A esa altura ya nos dimos cuenta que debíamos vender aquella compañía e irnos a otro país, para que cuando los cambios que se venían ocurriesen, estemos lejos del

Paraguay. Nos propusimos entonces encontrar un interesado a quien venderle nuestra empresa.

Seguía transcurriendo el año y no encontrábamos un país al cual mudarnos y que nos diese tranquilidad. Toda Sudamérica estaba igual. El único país que me atraía no estaba entre nuestros vecinos, sino bien lejos, los Estados Unidos. No le conté a mi esposa que me atraía la idea de emigrar a ese país, pues sabía que mi idea sería rechazada. Cierto día fui a visitar un amigo para pedirle que trabajáramos juntos recorriendo las escuelas. El vendía libros a los maestros y también trabajaba bajo el sistema de descuento a los maestros. Cuando le hice saber que la razón de mi visita era para invitarle a trabajar juntos él respondió algo que me asombró:

- No pienso más trabajar más en este país – me dijo enfáticamente , es más, pienso irme a los Estados Unidos. Ya no quiero saber más nada de aquí, así que lo siento mucho pero no puedo aceptar tu oferta.

Le hice saber que yo también estaba pensando en emigrar y quedamos en que juntos nos prepararíamos para irnos al gran país del Norte.

La primera preocupación fue conseguir la visa. Necesitaba hacerle saber a mi esposa del nuevo proyecto, y como soy un vendedor, hice el mejor esfuerzo para "venderle" la idea de que el único país sobre el planeta que nos permitiría realizar nuestros sueños era los Estados Unidos. Me miró con incredulidad y luego me dijo que pensaba que era una locura irnos a un país tan lejano y con cuatro niños. "Ni pienses que te voy apoyar", me dijo. Aquella declaración enfrió mi deseo de ir al Norte, al menos temporalmente, pero no dejaba de pensar en que podría ocurrir "el milagro", y mi esposa me ayudara a que nos preparáramos para irnos antes de que fuese demasiado tarde.

Recuerdo los atardeceres en el Paraguay cuando mis hijos jugaban en el patio de nuestra casa. Siempre estaban sudorosos y llenos de tierra. Cada atardecer le pedía al Señor que me permitiera salir de aquel lugar. No quería que mis hijos se criaran en el Paraguay, no quería morirme allí. Ese país es maravilloso, la gente es tan especial, tan generosa, pero desgraciadamente los gobernantes son muy corruptos, y no quería que mis hijos se hicieran adultos allí, pues estarían muy limitados en su progreso personal. Y como siempre ha sucedido a lo largo de mi vida, el

Señor oyó mi ruego y contestó mi plegaria a través de mi cuñada Cata, quien le sugirió a mi esposa que me deje partir a los Estados Unidos solo, y que después llevara al resto de mi familia. Ahora tenía por delante el más grande desafío que era conseguir la visa.

Viajé al Uruguay para conseguir mi pasaporte y allí me vi con un amigo que también quería viajar al Norte. En realidad todos mis parientes y vecinos querían emigrar a los Estados Unidos pero el problema era obtener la visa. Nos dijeron las agencias de viaje que la mejor forma de intentar obtener la visa era a través de una excursión a Disney World. Sentí mucha nostalgia al saber que probablemente pasarían muchos años antes que pudiese regresar al Uruguay, yo no me sentía bien al pensar que tenía que abandonar a mi país al que yo tanto quería. Mientras pensaba en esto me acerqué a una tienda en donde vendían cuadros y pude apreciar la belleza de algunos paisajes. Todos los cuadros estaban muy bonitos y hermosos, pero hubo uno que me llegó muy profundo. Era el de un bote en alta mar donde sobre el horizonte se podían apreciar el sol a punto de ocultarse tras las aguas del mar. Debajo de este hermoso cuadro se podía leer esta frase: "no temas cruzar el horizonte, pues veras los bellos paisajes que están del otro lado". Aquella afirmación me animó a seguir adelante.

Sí habían otros paisajes yo quería conocerlos, pero para poder conocerlos debía "cruzar el horizonte".

Una vez que obtuve el pasaporte me despedí de mi familia. Lo que más me dolió fue despedirme de mi abuela, sabía perfectamente que no la volvería a ver pues ella tenía noventa años. Fue la mujer que me crió desde que yo tuve dieciocho meses y bien se podía decir que ella era mi madre ya que estuvo a mi lado durante los difíciles años de mi niñez. Nos despedimos con lágrimas. Dos años más tarde ella dejaría este mundo para entrar en el descanso eterno. Mi deseo es que Dios bendiga a mi abuela, donde quiera que esté, pues a ella le debo todo lo que soy.

Regresé al Paraguay para continuar preparándome para obtener la visa. Mi amigo del Uruguay no la pudo conseguir, por lo tanto, no viajaría. Comencé a buscar otro acompañante para formar nuestra "excursión". Esta fue una tarea muy difícil, ya que al igual que en el Uruguay todos querían salir, pero nadie tenía los medios.

Cierto día me encontraba en un taller mecánico. El dueño era un cristiano al cual le comenté mi deseo de irme a los Estados Unidos. Me preguntó si me iba con mi familia a lo que respondí que me iría solo, pues no era nada fácil reunir el dinero para pagar seis pasajes y además llegar con cuatro niños a un lugar desconocido era un asunto muy delicado. El mecánico me preguntó si ya había consultado con el Señor, pues me dijo que Dios me podía ayudar para que vaya con toda mi familia. Me sentí algo avergonzado cuando me dijo todo esto, porque ciertamente nada es imposible para Dios, y desde aquel momento comencé a pensar en viajar con toda mi familia, pero no le comenté nada a Regina.

Un día fuimos con Regina a visitar a su tío. Él había vivido en los Estados Unidos por muchos años y le comentamos de nuestro deseo de emigrar a ese país. Lo primero que nos sugirió fue que nos fuéramos todos juntos.

- Al principio va ser difícil – nos dijo pero van a estar juntos y cuando arreglen los papeles todos estarán allí.

Regina y yo nos dimos cuenta de que Dios nos hablaba a través del tío. Salimos de su casa con la firme convicción de que nos debíamos preparar para irnos juntos como familia. Les dimos la noticia a nuestros hijos: "Viajaremos a los Estados Unidos", les dijimos. Ellos solo conocían ese país a través de las noticias y películas que veían por la televisión. Cuando les hablamos de Disney World, apareció un brillo en sus ojos y ya nos empezaron a preguntar si cuando nos iríamos. Solo había un problema, pero no se lo dijimos a ellos. Teníamos que conseguir las Visas y aunque era un gran desafío obtenerlas, ya que de cada tres personas que la solicitaban solo una pasaba el riguroso interrogatorio del Cónsul, teníamos fe. Muy contados fueron los amigos que nos desearon éxito en la obtención de las mismas, la mayoría de ellos nos hacía tener miedo, el miedo es el más grande destructor de sueños. Al mismo tiempo, nuestros hijos le habían hecho saber a todos sus amigos que nos mudaríamos a los Estados Unidos y se los veía muy felices todo el tiempo, solo hablaban del mundo encantado de Disney de las maravillas que les esperaban allí. Había una pregunta que flotaba en el aire: ¿Qué pasaría con nuestros hijos si nos negaban la visa? ¿Qué les dirían a sus amigos? ¿Cómo los afectaría esto en sus emociones? Se me sugirió que hablare con ellos y los preparara para el caso de que nos rechacen la visa. Soy una persona de fe y tenía mucha confianza en que ese viaje saldría, pero pensando en la circunstancias, decidí hablar con César, mi hijo mayor. No quería, pero debía hacerlo. - César – le dije -, tú sabes que nosotros como padres lo que más anhelamos en estos momentos es irnos a vivir a los Estados Unidos, pero, para poder entrar en aquel país, primero debemos reunirnos con el Cónsul de los Estados Unidos, y este señor tiene el derecho de darnos el permiso para entrar allá y también tiene el derecho de negarnos la entrada. Si él nos niega la entrada, entonces no nos podremos ir.

Al oír esto el rostro de Cesar se transformó por completo, una tremenda tristeza apareció en su mirada, y de sus tiernos ojos empezaron a caer lágrimas. Yo sabía que no era el único que pudo ver aquellas lágrimas, pues mi Padre Celestial también las está viendo. Lo que sentí en esos momentos es muy difícil de describir. Sé del gran amor de Dios por los niños y aquellas lágrimas derramadas por mi tierno hijo César, me confirmaron que entraríamos a los Estados Unidos porque un ser más poderoso que el Cónsul lo había decidido. Sequé el rostro de mi hijo y le dije: "No te preocupes hijo, Dios te ama mucho y el quiere que nos vayamos para allá, vamos a tener esa visa y nos iremos a los Estados Unidos.

A partir de aquel día empezamos a preparamos con mucho entusiasmo para nuestro viaje, ya no nos preocupaba la Visa. Teníamos que vender nuestra Empresa, los muebles y todas nuestras pertenencias. Una vez que vendimos todo lo que poseíamos, lo último que hicimos fue ir a solicitar las visas.

Un lunes del mes de diciembre de 1986, entramos a la Embajada de los Estados Unidos. En las oficinas del consulado, aparte de mi esposa y yo, había otras dos personas que iban a solicitar visas. Al rato apareció el Cónsul. Era un señor mayor con cara de pocos amigos. Tomó el pasaporte del primero y se retiró. Esta persona ya había vivido en los Estados Unidos pues estudió allí. Pasados algunos minutos regreso el Cónsul y le encaró enfáticamente:

- Usted recibió una multa en los Estados Unidos y no la pagó – le dijo el Cónsul -, por lo tanto, yo no quiero que usted vuelva a mi país.

Dicho esto, selló el pasaporte con la negación de la Visa.

El segundo era una mujer. Preguntó a esta señora si tenía cuenta corriente en algún Banco y ella respondió que no. Le volvió a preguntar si poseía alguna propiedad, dijo otra vez que no. También le preguntó si tenía algún familiar que le ayudase en caso de que se enferme en su estadía en los Estados Unidos y la señora de nuevo respondió que no. Entonces, el Cónsul le dijo: "lo siento mucho, usted no puede entrar a mi país", y acto seguido selló el pasaporte con la negación de la visa y se lo devolvió. Llegó nuestro turno. Llevó nuestros pasaportes y toda la información que le dimos y se fue a su oficina. Nuestra visa la solicitamos para irnos de "excursión" a Disney World y si bien la excursión duraría solo ocho días, en realidad teníamos la idea bien definida de quedarnos a vivir para siempre.

Mientras esperábamos el regreso del Cónsul, había una cosa que me inquietaba bastante, no era el obtener o no la visa, sino el hecho de tener que mentir. No quería mentir al Cónsul. Sabía que me haría preguntas y para poder obtener las visas yo debería mentirle porque cuando él me preguntase sobre el propósito del viaje yo le debería contestar que es para conocer Disney World y luego regresar, cuando en realidad no tenía intenciones de regresar. Comencé a orar en silencio y le pedí a Dios que me ayude a no mentirle al Cónsul, pedía esto intensamente y con mucha fe, pero al mismo tiempo me preguntaba ¿Cómo iba a hacer para no mentirle? No obstante, seguí orando por aquello que parecía imposible: no mentir para obtener la visa. El tiempo seguía transcurriendo y el cónsul no aparecía. Mi esposa ya estaba pálida, casi al borde del desmayo y no era para menos, pues habíamos vendido todas nuestras cosas incluyendo nuestra empresa. Todo lo que poseíamos eran nuestras ropas, y allí estábamos jugándonos el todo por el todo. El cónsul seguía en su oficina y se demoraba mucho más de lo habitual. Mientras tanto yo continuaba orando y pidiéndole a Dios: "no me dejes mentir". Media hora más tarde vino su secretaria con nuestros pasaportes y los extendió frente a nosotros.

- El señor Cónsul – nos dijo -, les pide perdón por no venir a despedirles, pero le entraron muchas llamadas y no puede dejar el teléfono, pero me pidió que les diga que les desea que tengan una feliz estadía en los Estados Unidos.

Allí, frente a nuestros ojos, estaban los seis pasaportes con sus respectivas visas.

Le dimos las gracias a aquella mujer y salimos de la embajada con ganas de salir saltando y gritando por las calles. Dejaríamos el Paraguay y nuestros hijos tendrían un futuro muy diferente al que les esperaba allí. Me acordé de mi hijo César. Sus lágrimas no brotaron en vano: teníamos las tan anheladas visas.

4. EL LARGO VIAJE A LOS ESTADOS UNIDOS

Pasamos la última Navidad en el Paraguay y el día veintisiete de diciembre partíamos hacia los Estados Unidos. Ocho horas después de partir, el capitán de la aeronave avisó a los pasajeros que se prepararan para el descenso en la ciudad de Miami. Desde el aire y aunque era de noche, se podía apreciar la belleza de la ciudad. Llegaba a esa tierra con mi familia en busca del sueño americano.

Al salir del aeropuerto supuestamente nos estarían esperando personal de la agencia de viajes para llevarnos al hotel en Miami Beach, pero para nuestra sorpresa no estuvo nadie. Tomamos un taxi y llegamos al hotel y al entrar en nuestros cuartos empezamos todos a saltar y a gritar: "¡Lo logramos, lo logramos, lo logramos!". Luego nos arrodillamos para orar y darle gracias a Dios por estar allí. Ahora veríamos otros atardeceres, cruzaríamos otros horizontes. Me acordé de la frase que había leído en aquel cuadro en el Uruguay cuando me encontraba deprimido por tener que alejarme de mi patria: "No temas cruzar el horizonte, verás los hermosos paisajes que existen del otro lado".

Al día siguiente despertamos en aquel hotel, eran las nueve de la mañana y estaba lloviendo. Me asomé a la ventana y pude contemplar las lanchas y yates que iban y venían surcando el mar

¡Qué bendición tan grande teníamos por estar allí en la bella Miami Beach! La tierra colorada del Paraguay había quedado atrás. El Señor había respondido a mi oración cuando en los atardeceres suplicaba que no me deje morir en el Paraguay y que me permitiera salir de allí y darle a mi familia un futuro más promisorio. Allí estábamos, en el país de las oportunidades, ahora solamente había que buscarlas. Me acordé de aquel proverbio chino que dice que la oportunidad toca las puertas de nuestras casas todos lo días, pero solo muy pocas la escuchan. Lamentablemente no todos los que la oyen le abren la puerta, y que no basta con abrirle la puerta, hay que invitarla a entrar, hacerla nuestra amiga y trabajar juntos.

Estaríamos un par de días en Miami, luego nos trasladaríamos a Disney World y desde allí nos "escaparíamos" de la excursión para irnos a Nueva York, donde teníamos a una tía de mi esposa que nos prometió ayudar (ella no sabía que estábamos en Miami). Pensábamos darle una gran sorpresa pero no sabíamos que la gran sorpresa la tendríamos nosotros al llegar allí. Al segundo día de estar en Miami, decidimos llamar a la tía para hacerle saber que estábamos allí. Al contestar el teléfono la tía pensó que llamábamos del Paraguay, pero le dimos la gran sorpresa.

- ¿A que no sabes dónde estamos? le dijo Regina.

- No, no lo sé – respondió ella.

- ¡Estamos en Miami tía! – dijo Regina con toda emoción.

- ¿Miami? dijo la tía y luego de un largo silencio, preguntó ¿Y hacia donde piensan ir?

- A tu casa tía por supuesto – respondió Regina y se produjo otro largo silencio del otro lado de la línea.

- Y bueno… dijo la tía no muy convencida ¿y cuando vienen?

Entonces le hicimos saber que tendríamos que pasar por Disney y desde allí viajaríamos hacia Nueva York. Aquella tía no estaba preparada para recibirnos y se notaba que la dejamos muy preocupada, pero ya estábamos allí y como dicen los mejicanos, "no tendrá de otra" que preparase para recibirnos.

Al tercer día viajamos a Orlando para conocer el famoso mundo de Disney. La experiencia no fue del todo agradable, debimos regresar al hotel ya que César, mi hijo mayor, por un problema en la rodilla le dolía mucho y no podía caminar bien. Una vez allí, llamamos de nuevo a la tía para avisarle que iríamos a Nueva York. Al día siguiente fuimos a la estación de trenes para sacar los boletos. Partiríamos un día después, el 31 de diciembre nos embarcamos para el Norte. Durante la noche – en algún lugar entre Orlando y Nueva York – cuando nos disponíamos a dormir en nuestros cómodos asientos, el reloj marcó las doce y algunos pasajeros dijeron "¡Happy New Year!". Era el 1º de Enero del año 1987. Al día siguiente llegamos a Nueva York, no había nadie esperándonos. Como a la hora vino nuestra tía con su novio y nos llevaron a su apartamento en el barrio de Queens. Vivían en un viejo edificio y al subir las viejas escaleras se movía todo. El apartamento era bastante confortable y los niños saltaban por todos los rincones. La tía nos advirtió que la dueña, una señora irlandesa, era muy "fría" y vivía debajo mismo de su apartamento y no debía ser molestada. Allí tropezamos con el primer problema porque ¿cómo mantener cuatro niños inquietos sin que jugaran en ese apartamento? Siempre he dicho que no hay nada imposible, pero debo admitir que nos fue imposible mantener quietos a aquellos niños. Al día siguiente de haber llegado, la señora irlandesa subió las escaleras y en un tono muy autoritario le dijo a la tía que le daba tres días para que mi familia desalojara el apartamento, caso contrario nos haría desalojar con los bomberos, pues ella había rentado el apartamento a mi tía y ella se había comprometido por contrato a vivir sola. Cuando la señora se fue, la tía nos hizo saber en el lío en que la habíamos metido, y por supuesto que ella no quería ser desalojada ni tampoco quería que nosotros fuéramos a parar a la calle. Le hicimos saber que nos iríamos y ella respondió: "¿A dónde van a ir si no conocen a nadie?" Le dijimos que nos iríamos a alguna parte aunque fuere bajo un puente, pero que no la molestaríamos más. Allí comenzó nuestra odisea.

Al día siguiente, nos hicieron saber que había un lugar que nosotros podríamos rentar: era el sótano de un gran edificio de apartamentos. El que estaba a cargo del lugar era un cubano y me mostró un espacio que con trozos de materiales de construcción se arregló para hacer un pequeño apartamento. El lugar era apenas iluminado por una tenue luz. La condición para "rentar" aquel apartamento era que debíamos pagar cien dólares cada semana y que los niños no debían ser vistos por otros inquilinos, pues aquel apartamento había sido construido sin autorización. En ese momento yo tenía dos opciones: o irnos a la calle o rentar. El invierno newyorkino era muy frío y en la calle había mucha nieve. No tenía opción tenía que rentar el "apartamento". Era un viernes y debíamos mudarnos a más tardar para el domingo. Ya teníamos donde ir pero no le mostré el "apartamento" a Regina porque si lo veía le iba a dar un ataque.

Amaneció el día sábado, el domingo debíamos mudarnos. Esa mañana yo estaba muy triste pues no quería que mi familia se mudase a aquel lugar tan deprimente. Veníamos de una tierra llena de sol y ahora nos íbamos a ir a vivir en las tinieblas de aquel edificio. En mi interior yo sabía que Dios no quería que nos fuéramos a vivir allí. De repente el teléfono sonó, la tía levantó el tubo: era el cubano y llamaba para informar que no podíamos mudarnos a aquel apartamento porque tenía miedo que si lo descubrieran podría perder su trabajo. A mí me agradó mucho la noticia pero no a la tía ya que al día siguiente debíamos dejar el apartamento sí o sí. La tranquilicé y le dije que nosotros saldríamos conforme lo estipulado, aunque no sabía a donde nos iríamos.

Durante la mañana Regina se fue con la tía y los niños a una lavandería cercana, pues queríamos tener toda la ropa limpia para cuando saliéramos aunque no teníamos la más mínima idea de adonde nos iríamos. Me quedé solo, me asomé a la ventana, la nieve seguía cayendo, hacía mucho frío y no teníamos adonde ir. Solamente tenía que hacer una cosa, orar a nuestro Padre en los cielos suplicándole ayuda. Él sabía adónde nos iríamos al siguiente día, entonces, simplemente había que preguntarle.

Siempre comparo la relación que tenemos con Dios el Padre con nuestra propia condición de padres. Por regla general los padres cuidan a sus hijos y muchas veces los hijos tenemos necesidades que nuestros padres deben suplir y no nos animamos a pedirles por temor a que nos digan que no, pero un buen día nos animamos y le pedimos a nuestro padre que nos provea de aquello que estamos necesitando a lo que aquel padre contestaría "¿por qué no me lo pediste antes?". En cuanto a nuestro Padre en los Cielos, es mi opinión personal, que muchas cosas que anhelamos tener no las tenemos simplemente porque no se las hemos pedido. Él nos enseña a través de su hijo, que todo lo que pidieres recibiréis y aquel día si había un hijo que necesitaba ayuda, ese era yo.

En mi billetera tenía tres números de teléfono que me los habían facilitado. Me los dieron por si llegare a necesitar ayuda y quizás esta gente podría ayudarme. Los tres teléfonos eran de diferentes estados, tuve la corazonada de que en uno de aquellos teléfonos estaba alguien dispuesto a ayudarnos. El problema era que yo no sabía a cuál de los tres números debía llamar, pero el Padre en los cielos sí sabía y, entonces, había llegado el momento de preguntárselo. Me arrodillé y en ferviente oración y con mucha humildad, le agradecí a mi Padre Celestial por estar allí, en aquella gran ciudad. Le agradecí por la vida, por la esposa que me estaba acompañando, por los hijos que él me había dado, porque todos estábamos saludables y por habernos abierto las puertas de esta Nación. Le pedí que me iluminara para saber a cuál de esos teléfonos debía llamar. Le dije que quería ir a un lugar en donde pudiese criar a mis hijos con seguridad y que nos ayudarse a conseguir los documentos tan necesarios para vivir legalmente en este país. Le pedí que me abriera las puertas para que encontrare una ocupación que me permitiese vivir dignamente y darle a mi familia el confort y el estilo de vida del que gozaba el pueblo americano. Mientras oraba me sobrevino una paz tan grande que no puedo explicar con palabras. Sentí en lo más profundo de mí ser que el Señor estaba a mi lado. Supe que aquella oración que había ofrecido con tanto fervor había llegado a mi Padre Celestial, pues él estaba allí, se podía sentir su presencia y me habló con el lenguaje que habla el Señor... sin usar palabras, me dijo: "llama al número que tienes de Georgia".

Inmediatamente me puse de pie y busqué aquel número. Al discar tenía la completa seguridad que en Georgia conseguiríamos todo lo que le había pedido al Señor. Al lado de aquel número telefónico estaba escrito un nombre. Alguien contestó el teléfono, era la voz de un hombre y le pregunté si podía hablar con tal persona y cuando oyó aquel nombre, me respondió que dicha persona no trabajaba más ahí desde hacía dos años. Cuando oí esto me corrió un sudor frío por todo el cuerpo. Me pregunté "¿qué paso aquí?, ¿qué hago ahora?" Pasaron unos segundos que se me hicieron siglos y no sé de dónde saqué fuerzas para seguir hablando.

- Mire, le explico mi problema y la situación en que me encuentro – le dije al señor que estaba al otro lado de la línea -. Soy uruguayo, estoy recién llegado a este país y tengo una esposa y cuatro hijos. Vine a Nueva York al departamento de una tía y ahora nos están echando de aquí. ¿Puede usted ayudarnos?

Aquel hombre al cual yo no conocía, me preguntó mi nombre y se lo dije.

- Humberto — me dijo claro que te voy a ayudar. Me llamo Oscar y también soy uruguayo. ¿Qué estás haciendo en Nueva York con el frío que hace allí? Trae a tu familia aquí a Georgia que es un Estado muy lindo. Hay casas muy confortables. Tienes que vivir aquí entre nosotros. Aquí hay muchos uruguayos y te vamos a dar una mano. Vente a Georgia.

No podía creer que el Señor había preparado a Oscar para que nos ayudase. Él no sabía nada de nosotros, pero allí estaba dándome el aliento que tanto necesitaba. Sin duda alguna el Señor se valió de este hombre para hacerme saber su voluntad y contestar plenamente mi oración. Le di las gracias a Oscar por su extraordinario ofrecimiento, pero le recordé nuevamente que éramos seis personas y si él estaba seguro de tener lugar para una familia como la mía. Me volvió a reiterar que me vaya con toda mi familia. Le agradecí de nuevo y le hice saber que estaría viajando al día siguiente.

Afuera seguía cayendo la nieve. Yo me sentía flotando en una nube. Antes de hablar con Oscar el panorama que tenía frente a mí era de oscuridad y tinieblas, pero ahora brillaba el sol. Empecé a imaginar cómo se vería Georgia y cuantos horizontes pasarían frente a nuestros ojos hasta de llegar allá. Me imaginaba viviendo con mi familia en una casa amplia con jardines, mis niños jugando en el patio, viviendo una calidad de vida que yo siempre había soñado y que por muchos años le había pedido al Creador. Ahora Él me la estaba brindando y en bandeja de plata. Me sentí inmensamente agradecido al Señor por todo lo que me estaba dando. Si hubiere un termómetro para medir emociones, la mía en aquel momento era tan grande que probablemente hubiera roto el aparato. Supe en aquel momento que cuando el Señor está de nuestro lado, no hay nada que no podamos conseguir.

Me encontraba meditando en tanta maravilla, cuando sentí pasos en la escalera; era mi familia que regresaba. Abracé a mi esposa.

- ¡Nos vamos a Georgia! – le dije.

- ¿A Georgia? – me dijo mirándome totalmente desconcertada.

- Sí – le dije -, allá hay un muchacho llamado Oscar, es uruguayo. Le acabo de hablar por teléfono y me ha dicho que nos vayamos toda la familia a Georgia, que allá nos van a ayudar.

Mi esposa seguía mirándome sin poder comprender. Me di cuenta de que la única manera de que me pudiera entender lo que le estaba diciendo era poniéndola en comunicación con Oscar, por lo tanto volví a discar el número y cuando él atendió le dije:

- Oscar aquí te paso a mi esposa Regina, dile lo mismo que me dijiste a mí.

Mientras hablaba con Oscar vi que el rostro de mi esposa se empezó a iluminar. Ya teníamos a donde ir, lejos de la nieve y del frío de Nueva York.

El domingo por la mañana estábamos toda la familia con nuestras maletas en la terminal de bus. Por un momento dudé

¿Qué tal si llegábamos allá y no había nadie esperándonos?

¿Qué haríamos solos, mi familia y yo en la terminal de buses en una ciudad desconocida? No quería que esto nos pase por lo tanto le dije a la tía que llamaría por teléfono para ver si Oscar nos iba a esperar. Cuando la tía me oyó decir eso, puso la mano en mi pecho y me detuvo: "no lo llames, él te va a estar esperando" – me dijo. Cuando fuimos a sacar los boletos del bus nos dimos cuenta de que no nos alcanzaba el dinero, pero sin hacernos mucho problema viajamos con dos de nuestros hijos en el mismo asiento.

Nos despedimos de la tía y subimos al ómnibus. Todo el dinero que nos quedó fueron cuarenta dólares. Nos miramos con mi esposa y, tomados de la mano, con nuestros hijos en nuestras rodillas emprendimos el viaje hacia Atlanta. Le dije a Regina que yo no sabía que nos esperaba en Atlanta, pero que estaba en paz, sabía que el Señor nos abriría las "puertas" para que pudiéramos vivir allí y trabajar. Todo saldría bien.

5. NUESTRA VIDA EN ATLANTA, GEORGIA

A medida que nos acercábamos a Atlanta, veíamos que había menos nieve. Teníamos muchas ansias de llegar. El viaje era placentero pero al mismo tiempo cansador pues tuvimos que viajar con los niños en nuestras rodillas. Se nos iluminó el rostro cuando vimos el cartel que decía: "Welcome to Georgia" (Bienvenidos a Georgia). Ya estábamos allí. El clima era frío pero no había nieve. Poco a poco comenzamos a acercarnos a Atlanta. Luego de veintidós horas en el micro por fin llegamos. Lo primero que hice fue ir hasta un teléfono y llamar a Oscar.

- Oscar – le dije -, ya estoy aquí con toda la familia.
- ¿Ya están aquí? – Preguntó sorprendido pero alegre – Bueno, esperen un ratito que ahí les mando a alguien para que pase a recogerlos.

Al rato llegó un muchacho que se movía como buscando a alguien. Cuando lo vimos supimos que nos buscaba a nosotros y cuando vio a nuestra familia, el muchacho se puso pálido. No esperaba a una familia tan grande. Más tarde nos enteramos que aquel muchacho también trabajaba en la pizzería donde trabajaba Oscar y éste le había pedido que alojara a alguien en su casa por una noche y el muchacho había consentido en que lo haría. Pero ahí estábamos toda la familia y no tuvo otra alternativa que llevarnos a su departamento. Nunca podré explicar cómo entramos en aquel pequeño automóvil toda nuestra familia, aquel hombre y su acompañante.

El departamento lucía vacío. Aquella familia de salvadoreños se había mudado a Atlanta unas pocas semanas antes y no tenían muebles. Nos sentíamos muy agradecidos de tener un techo donde dormir aquella noche. La dueña del departamento nos invitó a cenar y luego nos acostamos en el piso alfombrado. Un rato más tarde llego Oscar con una inmensa pizza. Allí estaba Oscar dándonos aliento y diciéndonos que al día siguiente alguien vendría a buscarnos y nos llevaría a su casa. "Van a estar bien", nos dijo. Aquel hombre que cuarenta y ocho horas antes ni conocíamos, estaba allí brindándonos todo su apoyo y nos había llevado algo de comer.

Cientos de preguntas acosaron mi mente esa noche ya que al día siguiente nos iríamos a una casa desconocida y con cuatro niños.

¿Cuánto tiempo viviríamos allí? ¿Qué clase de trabajo tendría yo? ¿Ganaría lo suficiente para rentar un departamento? ¿Podría pagar todas las cuentas, comprar un vehículo, y dar de comer a toda mi familia? Aquella noche yo presentía que Regina también estaba pensando en todo esto. No quería que me hiciera preguntas las cuales yo no tenía respuestas. El silencio se hacía muy pesado. De repente mi esposa no soportó aquella tensión que saturaba su mente.

- Humberto ¿qué será de nosotros mañana? – me preguntó.
- Yo no tengo respuesta a tu pregunta le contesté calmadamente -. No sé qué va a pasar mañana, solo sé que esta noche quiero dormir y mañana cuando amanezca hazme de nuevo esa pregunta, pero esta noche solo quiero que descansemos. Basta a cada día su propio afán dice la Biblia.

En el tiempo en el que serví a la Iglesia en tiempo completo, mi presidente de misión tenía muchos problemas. A su cargo estábamos más de doscientos misioneros, y además de esto, él presidía muchas ramas de la Iglesia. Cada rama tenía sus problemas y el presidente tenía que estar inspirado todo el tiempo para darle solución a un sinnúmero de problemas. Yo aparte de ser misionero también era el presidente de una de las ramas de la iglesia y tenía a mi cargo las familias de dicha rama. Muchas noches me costaba conciliar el sueño y en una entrevista con mi presidente le hice saber que los muchos problemas que tenía en mi rama no me dejaban dormir. El presidente me escuchó y luego sonrió.

- A usted no le dejan dormir los problemas de su rama – me dijo -, ahora ¿qué piensa de mí? Tengo a mi cargo todas las ramas y distritos de toda la misión, a esto agréguele doscientos misioneros. ¿Sabe usted la cantidad de problemas que yo tengo? Le daré un consejo: Nunca duerma con sus problemas atormentándole el cerebro. Olvídese de sus problemas cuando duerma. Piense en cosas positivas, cante un himno o una bella canción. Duérmase tranquilo y en paz y al día siguiente cuando se despierte sus problemas todavía estarán allí, no se habrán solucionado, pero su mente estará fresca y tendrá toda la energía para poder solucionarlos.

Aquella noche puse en práctica esta sabia sugerencia que me dio mi presidente de misión Clay Gorton y me dormí profundamente.

Nos levantamos temprano para esperar a la persona que nos recogería. A media mañana aparecieron dos hombres. Eran hermanos gemelos y no se los podía diferenciar uno del otro. Llegaron en un carro deportivo de esos que tienen solo dos asientos pero al observar a nuestros niños fueron a buscar un vehículo más grande para poder llevarnos a la casa de uno de ellos. Se demoraron un poco en volver pero volvieron. Le agradecimos a aquella familia salvadoreña por habernos dado hospedaje sin conocernos y nos fuimos rumbo a "nuestra nueva casa". Al llegar nos deslumbramos por las comodidades que nos brindaba la casa, pues nos sentimos como si estuviésemos en un templo.

Los niños corrían por toda la casa. En la habitación que se nos asignó había un colchón en el piso. Estuvimos agradecidos de tener ese colchón y de la tranquilidad y confort que nos brindaba aquella nuestra primera casa que habitábamos en Atlanta. Estos hermanos nos brindaron todo su apoyo y nos hicieron saber que aquella casa era nuestra casa, al menos por los próximos dos meses. Al llegar la noche los primeros que se durmieron fueron los niños. Allí estaban encima de aquel colchón, a nosotros nos tocó dormir en el suelo pero estábamos felices pues toda la familia estaba junta y estábamos en los Estados Unidos y hasta ese momento todo nos iba bien.

Al llegar el domingo, queríamos ir a la iglesia pero no conocíamos ninguna. Busqué en la guía telefónica el número telefónico de alguna y llamé. Pregunté por alguien que hablara español y le hice saber acerca de nuestra familia. Aquel hombre se llamaba Larry y me preguntó cuanta comida teníamos. Nuestro refrigerador solo tenía un galón de leche. Le contesté que teníamos "algo", luego me preguntó cuánta ropa teníamos y le volví a contestar que "algo" ¿Cuánto dinero? Todo el dinero que tenía en esos momentos era unos 20 dólares. Le volví a decir que teníamos "algo" de dinero. Larry se dio cuenta que necesitábamos de todo, por lo tanto, nos prometió que nos visitaría con el obispo al día siguiente a eso de las cuatro de la tarde.

A diferencia de la mayoría de los países sudamericanos, estábamos viviendo en un país donde se respetaba la puntualidad y el lunes a las cuatro en punto de la tarde estaban frente a nosotros Larry y el obispo de nuestro barrio. La primera pregunta de nuestro obispo fue: ¿Cómo llegaron aquí? Les relaté la historia de Nueva

York, de la llamada de teléfono a Georgia, de Oscar y todo lo demás. Acordaron de que necesitábamos urgentemente comida y ropas. También nos prometieron ayuda de muebles y todo lo que necesitáramos. El obispo también se comprometió a llamar a algunos abogados para que revisen nuestra situación legal y ayudarnos a conseguir el tan anhelado "Green Card".

Habíamos oído en los pocos días que teníamos en ese país acerca del Green Card, el cual se otorgaba a los residentes legales de los Estados Unidos y que les habilitaba a trabajar y permanecer en el país en forma legal. Le agradecimos al obispo y a Larry por habernos visitado y por brindarnos ayuda. Cuando se fueron no nos sentimos tan solos ya que sabíamos que pertenecíamos a la gran familia de Cristo, y había hermanos dispuestos a ayudarnos.

Al día siguiente fuimos visitados por dos amorosas hermanas de la iglesia. Una de ellas, Julia, hablaba español, la otra era la presidenta de la Sociedad de Socorro. Ambas se pusieron a nuestras órdenes para hacernos saber que estaban allí para suplir todas nuestras necesidades en cuanto a ropa y alimentos. Nos preguntaron qué clase de comida ingeríamos en nuestro país ya que deseaban proveernos de la misma calidad de alimentos. Querían que nos sintiéramos como en nuestro propio país. Teníamos vergüenza de pedirles alguna comida en especial y les dijimos que lo que nos diesen sería bienvenido. La hermana Julia tenía una Van (una camioneta cerrada para pasajeros) y fue con mi esposa al "almacén del obispo", el cual era una especie de supermercado en el cual había de todo menos una caja registradora. La comida se cargaba en carritos y de allí directo se llevaba a la Van. Cuando regresaron la Van estaba llena de comestibles. Nunca en nuestras vidas habíamos tenido tanta provisión en nuestra casa y en ese momento no sabíamos dónde guardar tanta comida. Al despedirnos Julia nos prometió que volvería al siguiente día con algunas ropas y, efectivamente, a la mañana siguiente estaba allí con veinte cajas llenas de ropas. Di gracias al Dios por estar en ese país tan bendecido pues ahora nos sobraban ropas y comida. Lo único que me faltaba era comenzar a trabajar en forma urgente.

Había dos grandes inconvenientes para conseguir trabajo: yo no tenía la Green Card tampoco tenía un vehículo para transportarme. Habíamos superado problemas mayores por lo tanto el no tener documentación adecuada en mi caso no sería un obstáculo insuperable. Me propuse tener un auto y radicarle a mi familia.

6. MI PRIMER TRABAJO EN LOS ESTADOS UNIDOS

(Mis primeros dos vehículos 1970 AMC Hornet y 1978 Chevy Impala Wagon)

En esos primeros días en Atlanta conocimos a otros uruguayos que nos ayudaban, nos daban confort y nos hacían sentir que no estábamos solos. Ya aparecería algún trabajo para nosotros.

Cierta noche estaba en mi casa con la familia cuando alguien golpeó nuestra puerta. Al abrirla estaba allí parado un muchacho joven al que yo no conocía. Se presentó y dijo ser Uruguayo y de apellido Etchebarne.

- ¿Usted quiere trabajar, verdad? – me preguntó.
- Sí – le dije -, a eso vine a este país.
- Entonces, vámonos – me dijo -. Ya tiene trabajo.

Me despedí de mi familia y me fui con él. No sabía a donde iba. Se metió en una autopista, cruzó avenidas y puentes y seguía conduciendo. Yo pensé: "¿Cómo voy a hacer para llegar a este trabajo? No tengo vehículo ni conozco la ciudad." Luego de viajar durante unos veinte minutos, detuvo su vehículo frente a un restaurante y entramos. Me presentó al dueño, un señor argentino llamado Pedro. Este me dijo que necesitaba alguien para lavar platos, que me pagaría ciento ochenta dólares a la semana, que mi horario de trabajo comenzaría a las cuatro de la tarde hasta el cierre del restaurante y que los días de trabajo serían de lunes a sábados. Luego me preguntó si tenía transporte, a lo cual contesté que no.

- ¿Y cómo va hacer para llegar hasta aquí? – me preguntó - ¿Dónde está usted viviendo?

Yo no sabía exactamente dónde estaba viviendo, inmediatamente volteé mi cabeza en búsqueda de auxilio por parte de Etchebarne y él le dijo la dirección. Pedro sonrió.

- ¡Qué suerte tienes! – me dijo -. Yo paso por esa calle todos los días para venir aquí, yo te puedo buscar y también llevarte de regreso a tu casa.

Muchas veces pensé en lo grande que es la ciudad de Atlanta con todas sus calles y avenidas, y yo encontrando un trabajo en el que mi patrón pasaba todos los días por la casa donde yo vivía. Esas cosas no eran casualidades. Veía la mano del Creador en todo esto ya que él estaba de nuestro lado.

Con la ayuda del cocinero del restaurante que se llamaba Walter y de un cubano que me prestó su automóvil, conseguí la licencia de conducir. Mi compañero de trabajo en la máquina de lavaplatos, Nelson, al comprarse un vehículo nuevo me ofreció el suyo, un auto que estaba chocado por los cuatro costados. Me vendió aquel automóvil por cincuenta dólares y me dijo que si me duraba un mes ya habría valido la pena la inversión. Se lo compré inmediatamente, pues en ese tiempo como yo no tenía transporte, me venía con Pedro a las diez de la mañana cada día y trabajaba gratis hasta las cuatro de la tarde, que era la hora en que empezaba oficialmente a trabajar. Con aquel vehículo podía estar más tiempo con los míos y también podría buscar otro trabajo que me permitiere darle mejores oportunidades a mi familia. Al día siguiente me quedé en mi casa feliz porque ya tenía mi automóvil. Ya no tendríamos que estar pidiéndole a nadie para que nos lleve al supermercado o a la iglesia. Al día siguiente mi esposa se dio cuenta de que no me había ido con Pedro.

- ¿Qué pasó? – Me preguntó ¿Por qué no fuiste al trabajo?
- Me iré a eso de las tres y media en mi propio automóvil que lo

tengo estacionado afuera – le contesté.

- Ese pedazo de chatarra no vale ni los cincuenta dólares que pagaste por él – me dijo cuando vio el vehículo.

- Tal vez no – le repliqué -, pero me serviría para ir al trabajo y eso es todo lo que quiero.

- ¿Y cómo te sentís lavando platos después de haber tenido tu propia compañía en el Paraguay? – me preguntó.

- Magníficamente – le contesté -, ya que no voy a estar el resto de mi vida lavando platos. En cuanto pueda me moveré a un trabajo mejor y para eso necesito el "auto".

Dos meses más tarde nos mudamos a un departamento. En la mudanza utilizamos la Van de Pedro. La manejaba un compañero de trabajo, un cubano llamado Miguel, a quien nunca olvidaré, no por haberme ayudado en la mudanza sino por lo que le tocó vivir en su amada isla de Cuba. Cuando nos estábamos transportando en la Van, esta tuvo un problema mecánico. Hacía mucho frío aquella noche y mientras Miguel trataba de solucionar el problema yo estaba junto a el congelándome. No quería otra cosa, en ese momento, que irme a mi departamento y al día siguiente cuando se arreglara la Van, continuar con la mudanza.

- Vámonos Miguel – le dije -, es imposible arreglar esta Van. Volvamos mañana.

Miguel me miró y en la oscuridad pude ver el brillo de sus ojos, en ese momento me di cuenta de que no debía haber pronunciado la palabra "imposible", me arrepentí profundamente, pero ya la había dicho.

- no hay nada imposible– me dijo con autoridad –para muchos cubanos es imposible salir de cuba, pero recuerde que yo salí de allá.

Hasta ese momento yo no sabía en qué circunstancias él salió de Cuba. Unos días más tarde me relató su increíble historia. Miguel era el mayor de sus hermanos. Su padre había peleado del lado de Fidel durante la Revolución, pero con el paso del tiempo, su padre se dio cuenta que Cuba iba por mal camino. Un día le habló a Miguel y le dijo:

-Hijo yo te quiero mucho y agradezco la ayuda que me brindas con nuestro camión. Yo te necesito mucho pero aquí en Cuba tú no tienes futuro. Me duele decirte esto porque te quiero con todo mi corazón, pero deseo que te vayas de aquí. Yo ya estoy viejo y aquí me quedaré, pero tú necesitas vivir en otro país donde puedas realizar tus sueños.

Miguel había pensado muchas veces en escaparse de Cuba, pero por amor a sus padres nunca lo había mencionado, mas ahora la sugerencia venía de su propio padre, el hombre que Miguel más amaba en este mundo. Desde ese día comenzó a planear su huída. Tenía que elegir muy bien a sus compañeros pues si alguien le delataba podría terminar en prisión. Se asoció con un vecino con el cual se conocían desde niños y juntos empezaron a planear el viaje. Pusieron una fecha específica para el día que debían ir a internarse en el mar. Cuando llego el día señalado, miles de preguntas y cuestionamientos asolaron su mente y su corazón: ¿Cómo les iría? ¿Llegarían a salvo al lugar de encuentro, para luego trasladarse a los Estados Unidos o terminarían en la boca de algún tiburón, o ahogados?

La suerte estaba echada. Al atardecer de aquel día, Miguel y su amigo estaban listos para partir. Su madre y sus hermanos estaban dentro de la casa, su papá afuera junto al camión con lágrimas en los ojos. Se despidió de su madre y hermanos. Todos quedaran rezando por él, luego salió a despedirse de su padre quien estaba en la parte trasera del camión, supuestamente arreglando una rueda. Miguel le llegó por detrás. El hombre siguió apretando las tuercas de la rueda: "Me voy papá" dijo Miguel sollozando. Su padre, quien era un mar de lágrimas, extendió la mano de espaldas a su hijo a su hijo, y le hizo señas que partiese.

Miguel respetó aquella decisión de su padre y se fue sin poder contemplar el rostro de aquel padre amoroso que por encima de su felicidad deseaba que su hijo fuese feliz aunque tuviese que cruzar el mar y arriesgar su vida para lograrlo.

Lentamente y con el corazón hecho pedazos, Miguel se dirigió hacia el mar. Al obscurecer se introdujo con su compañero en las aguas. Estuvieron nadando toda la noche. Tenían muy poca comida y sus salvavidas eran cámaras de neumáticos. Al llegar el alba continuaban su camino hacia Guantánamo. Cuando se cansaban del agua salada se acercaban a la playa con una plegaria en los labios, pues temían ser descubiertos por los militares que patrullaban el área. Pero lo que más temían era que hubiera minas, muchas veces tuvieron que caminar por la playa y el saber que podían pisar una mina y volar hechos pedazos, era un riesgo que debían correr. El miedo constante de toparse con militares o pisar una mina les causaba nauseas, muchas veces su compañero quiso regresar pues tenía demasiado miedo. Miguel también tenía miedo, pero jamás pensó en regresar: su meta era salir de Cuba y ser libre o morir en el intento.

Los días seguían transcurriendo y el alimento y el agua potable se les había acabado. Sabían que se encontraban cerca de Guantánamo, pero no sabían si llegarían. Una noche se tiraron al mar y quedaron flotando, el cansancio y la debilidad pronto los dominó y entraron en un profundo sueño. Parecía que había llegado el fin para Miguel y su amigo. Cuando despertaron estaban dentro de una lancha de patrullaje de la Marina de los Estados Unidos. Los estaban atendiendo y llevando hacia Guantánamo. Estaban a salvo: habían logrado su objetivo.

Estuvieron algunas semanas en la base y luego fueron enviados a Miami como refugiados. Su amigo se quedó en esa ciudad, pero Miguel se vino a Atlanta y allí lo teníamos trabajando en el restaurante.

Cierto día Miguel nos hizo saber que su hermano menor que apenas contaba con dieciséis años, e inspirado con el éxito que tuvo Miguel, también se había lanzado a hacer la travesía hacia Guantánamo, pero no corrió con la misma suerte. Lo encontró una patrulla y le dieron siete años de cárcel por "traición a la patria".

Aquella situación tenía a Miguel muy preocupado. Llamaba muy seguido a sus padres que estaban totalmente desconsolados, ya que en menos de un año tenían a un hijo lejos al cual no podían ver y al otro en la cárcel. El ánimo de Miguel comenzó a alterarse. Le daban ataques de risa incontrolables. Se sentía impotente pues no podía hacer nada. Un día lo observé a través de la ventana del restaurante. Era de noche y llovía y él estaba afuera, fumaba y miraba la lluvia, ¿Qué cosas estarían pasando por la mente de Miguel? Me pregunté cómo podría ayudarle. Continué con mi trabajo de lavaplatos y cuando volteé a verlo ya no estaba allí. Fue la última vez que vi a Miguel. Después nos enteramos que aquella noche él estaba con todas sus pertenencias en su coche y que esa misma noche partió con rumbo desconocido.

Desde entonces nada he sabido de él.

Quiero dedicarle este párrafo a Miguel, aquel joven valiente que me enseñó una gran lección. Miguel: si lees este libro quiero que sepas que la lección que me enseñaste aquella fría noche en

Atlanta cuando me dijiste "nunca diga la palabra imposible, recuerde que yo salí de Cuba" ha dejado una huella imborrable en mi corazón, siempre voy a recordarte... Que dios te bendiga Miguel, donde quiera que te encuentres.

La vida en el restaurante siguió su curso. Comencé a buscar otro trabajo pues lo que ganaba no era suficiente para mantener una familia de seis miembros y nuestro quinto hijo estaba en camino. Conseguí un trabajo en un taller de radiadores de autos. Entraba a trabajar a las siete de la mañana hasta las tres de la tarde, luego iba al restaurante y trabajaba desde las cuatro hasta la una de la mañana. No me asustaba trabajar tanto, pues estaba acostumbrado a trabajar de "Estrella a Estrella". Como el tiempo no perdonaba y cada día de nuestra vida cuenta, seguía buscando nuevas oportunidades de ganar más dinero, ya que en los dos trabajos no ganaba más de cuatro dólares la hora. Un día me ofrecieron trabajo en la construcción y sin pensarlo dos veces lo acepté pues la paga era de seis dólares la hora. Me levanté aquel día a las cinco de la mañana y para las siete ya estaba con un pico y una pala abriendo la tierra pues trabajábamos en el cemento.

Para las diez de la mañana ya me dolía mucho la espalda y al mediodía el dolor ya era insoportable. Aquel día trabajé hasta las nueve de la noche.

Siendo indocumentado y sin saber inglés me esperaban días más amargos, pero había una familia que mantener. Había venido al Norte a trabajar y no podía darme el lujo, en aquellos días, de elegir el trabajo. Trabajaba en lo que se me ofrecía y en aquellos primeros tiempos me tocó el "tirar" cemento.

Un mes más tarde me quedé sin trabajo pues la construcción se había detenido. Tenía que hacer algo y rápido. Fui a un restaurante donde necesitaban lavaplatos y me tomaron inmediatamente. Volví a ganar menos: cuatro dólares con veinticinco centavos la hora, pero era mejor que nada. Sobrevivíamos gracias a la generosidad de la iglesia y a la abundante comida que recibíamos cada semana del almacén del obispo. El panorama para nuestra familia no se veía muy alentador. En esos días, se hablaba de una ley de inmigración que, por un lado, era muy dura pero que, por el otro, habría una ventana y existía la posibilidad de conseguir la tan anhelada Green Card. La ventana se abrió y pudimos conseguir nuestras Green Cards. Sé que fuimos ayudados por el Señor, quien de nuevo hacía honor a su palabra al enviarme a Georgia cuando hice aquella oración un día frió y gris en el departamento de mi tía en Nueva York, cuando le pedí a él que me inspirara para ir a un lugar en donde pudiera hacer crecer a mi familia y en donde pudiéramos conseguir nuestra radicación. Hay una escritura que dice que la fe mueve montañas, y sí las mueve. Una vez más se estaba cumpliendo esto en mi familia: lo que parecía imposible, fue posible. Nunca dudé que tendríamos documentos y viviríamos legales en este país. El Padre en los cielos tiene el control de todo. David enfrentó al filisteo Goliat cuando era un muchacho joven y solamente lo cubría una vestimenta de piel, Goliat en cambio no solo que era un gigante sino que además su cuerpo estaba cubierto de armaduras de hierro, y en su mano tenía un gran y filosa espada. Iba a ser una lucha desigual si David se enfrentaba solo, sin embargo, invocó a Dios y con su ayuda hizo lo que para los filisteos era imposible que suceda: ¡venció al gigante!. En aquel tiempo me sentí como el David bíblico, con la ayuda de Dios, había vencido al gigante. Ahora teníamos en nuestro poder la tan ansiada Green Card.

Cuando el Señor hizo el mundo y puso al hombre en este planeta, le dio facultades para que tenga control sobre las aves del cielo y los peces del mar. Luego los sacó del Jardín de Edén y ese sería el único lugar donde ni Adán ni Eva podían poner su pie, el resto del mundo era de ellos. Luego los hombres hicieron las fronteras y se formaron los países, pero Dios sigue teniendo el control de todo. Fue Él quien puso a las personas en mi camino para que nos ayudaran a tener los documentos.

Con documentos legales sería más fácil conseguir buenos trabajos, pero había una barrera: el idioma. Muchos buenos trabajos los estaba perdiendo por no saber inglés. En mi trabajo, frente a la máquina lavaplatos, había una pared blanca. Cada día veía aquella pared la cual parecía que me tenía atrapado. Teníamos cinco hijos, no sabía inglés y parecía que no había muchas esperanzas de mejorar. Sabía que mi futuro no estaba en aquel restaurante. Sabía que se estaban juntando muchas mañanas y nada estaba cambiando: había que hacer algo.

Lo primero que se me ocurrió fue mirar aquella pared que me tenía atrapado y decirle: "te cruzaré, no me atraparás, me iré de aquí". Al día siguiente volví a hacer aquella afirmación y lo seguí haciendo día tras día. Por momentos me parecía que la pared se burlaba de mí y que me decía: "ni sueñes con irte de aquí. No sabes inglés y tienes cinco hijos, te tengo atrapado". Cierto día tomé la determinación de irme de Atlanta, me iría a Nueva York. Allí había muchos hispanos, y como dijo mi esposa: "aunque sea puedes venderles medias en los trenes". En esos días me aumentaron cincuenta centavos más por hora, lo que representaba diez dólares más por semana, lo cual no me servía para nada. Mi cheque era de ciento cincuenta dólares a la semana y solo la renta del departamento era de cuatrocientos sesenta dólares al mes. Tenía que trabajar tres semanas para pagar la renta y con el resto tenía que pagar luz, teléfono, gasolina, seguro del auto, comida, ropas, etc. Tenían que aumentarme mucho más que cincuenta centavos si querían que me quede.

Puse en venta mi automóvil, si es que aquella chatarra podía llamarse automóvil. Calculé que me podrían dar trescientos cincuenta dólares por eso y con ese dinero me iría a Nueva York. Le hice saber al manager de turno que tendría que buscar otra persona para que lavare los platos pues yo saldría de allí. Llegó mi último día en aquel restaurante – era un viernes – y el Manager principal todavía no sabía que yo me iba. Al enterarse vino inmediatamente junto a mí y me dijo "¿Usted se va?", le dije que sí, pero él me dijo: "¡No, Usted no se va!", hablaremos más tarde.

Unos minutos más tarde, me llevó a su oficina y cerrada la puerta con llave me preguntó si cuanto yo quería ganar para quedarme allí. El sueldo de los manager en aquella época era de trescientos cincuenta dólares a la semana, los cocineros ganaban seis dólares con cincuenta la hora y para que aquel buen hombre no perdiese su tiempo ni yo el mío, le dije que necesitaba ganar por lo menos cuatrocientos dólares a la semana. Esto era a todas luces una locura pues un lavaplatos no podía ganar más que un manager, quien tenía todas las responsabilidades y el estrés propio de esos negocios. Era algo aparentemente imposible. Pensé que al proponer esto, David, el manager, me estrecharía la mano y me desearía buena suerte en Nueva York, pero para mi sorpresa ni se inmutó. Comenzó a hacer números empezando con cinco dólares con cincuenta, luego subió a seis y los multiplicaba por cuarenta horas y le daba doscientos cuarenta dólares a la semana. Luego subió a seis con cincuenta que era lo máximo que se pagaba la hora a un empleado, con la única excepción del manager, no obstante, siguió multiplicando hasta llegar a los cuatrocientos dólares, para lo cual yo tenía que trabajar setenta horas cada semana. Me preguntó si no tendría problemas en trabajar setenta horas por semana, le contesté que había venido a los Estados

Unidos a trabajar y que no me asustaba hacerlo, que podía trabajar las horas que fuesen necesarias. David me dijo que trabajaría en la preparación de los horarios y que los mismos estarían listos para la siguiente semana. Trabajaría de lunes a sábado, entrando todos los días a las ocho de la mañana. Los lunes y martes saldría a las seis de la tarde, miércoles y jueves a las ocho, y los viernes y sábados trabajaría hasta el cierre del Restaurant.

Trabajaba un total de setenta y dos horas por semana. El trato era que no se me iban a considerar horas extras. Por instrucciones de David, mi cheque me lo entregaban en la oficina a puertas cerradas y bajo el más absoluto secreto. Aquel cheque era el más grande que se pagaba en aquel restaurante y pienso que quizás era el único restaurante en los Estados Unidos donde el cheque del lavaplatos era mayor que el de los manager. Aquella situación me enseñó una vez más que todo es posible.

Unos meses más tarde cambiaron a algunos manager, David se fue a otra posición dentro de la organización y al que lo reemplazó no le pareció bueno que yo gane tanto dinero y me fue recortando las horas. Un mes más tarde solamente trabajaba cuarenta horas y mi sueldo cayó en picada. Tenía imperiosamente que buscar otro trabajo. Llené mi solicitud en la empresa "Georgia Waste", que era la empresa que se encargaba de la recolección de basura de la ciudad. No quería trabajar en eso, pero no podía ponerme a elegir trabajos con cinco hijos que mantener. A las dos semanas me llamaron para decirme que me habían aceptado. No estaba muy contento, es más, no quería ir.

- Toma ese trabajo solo por ahora – me dijo Regina -, luego consigues otro.

Al día siguiente llegué a las cinco y cuarenta y cinco de la mañana a mi nuevo trabajo y todos los nuevos compañeros estaban allí. Afuera los mugrosos camiones nos estaban esperando y al rato andaba corriendo al costado de un camión recogiendo y tirando bolsas de basura. Se dice que todo trabajo es bueno, pero el recolectar basura es un trabajo que no le deseo ni al peor de mis enemigos.

Una mañana nos pidieron que llegáramos media hora más temprano pues nos iban a mostrar un video de motivación. Pensé que sería lo que nos podían mostrar para motivarnos, qué podría ser tan extraordinario en aquel video para convencernos de que ese era un buen trabajo. Aquella mañana llegamos todos a las cinco y media. Los jefes nos agradecieron por ser puntuales y acto seguido pusieron el video en marcha. Allí vimos a nuestra gran compañía, la Georgia Waste. Todos gritaron al unísono, aplaudieron, golpearon las mesas. Todos estaban enfervorizados, menos uno. Ese uno era yo. Luego mostraron un camión moviéndose lentamente por las calles de la ciudad. Cada vez que llegaba a una casa, aquel camión se detenía y el hombre que iba atrás se bajaba, recogía la bolsa, la depositaba dentro, luego subía y aquel chofer se aseguraba que el hombre que recogía la basura estuviere seguro en el parante del camión. Esto era pura teoría, pues en la práctica el camión jamás se detenía y "los de atrás" andábamos corriendo todo el tiempo detrás de aquel camión.

Solamente descansábamos cuando el camión se dirigía a descargar, al entrar en aquel lugar que llamábamos landfield, en donde nuestro estómago se revolvía a causa de los desagradables olores. Allí podíamos apreciar la gran cantidad de electrodomésticos que estaban en muy buen estado pero que debían ser enterrados con la basura, pues los jefes nunca podían saber si el cliente los había tirado o nosotros los habíamos robado. Recuerdo que algunos ricos tiraban ropa fina y en muy buen estado pues muchas tenían aun las etiquetas de la lavandería. Simplemente se habían cansado de ellas y las tiraban. Lo que más me asombró fue ver regalos con sus paquetes envueltos y sin abrir. Pensé que esa gente que los tiraba se habían enojados con el que se los regaló y por esto iban a parar a la basura. Yo no podía tirar eso y normalmente los escondía y me las arreglaba para llevármelos a mi casa.

Aquel video prosiguió "enseñándonos" muchas cosas que ya sabíamos y luego concluyó con una pregunta: ¿Cuál era el trabajo más importante que se realizaría en Atlanta aquel día? Respuesta: el trabajo que hacíamos nosotros los basureros, pues qué pasaría si no hubiera camiones y gente recogiendo la basura de Atlanta. La basura se amontonaría, vendrían las enfermedades y los hospitales no darían abasto, en resumen, la ciudad de Atlanta no podría funcionar sin nosotros, y al concluir este mensaje, otra vez la gritería ensordecedora, el golpeteo de las mesas y todos vibrando nuevamente. Todos menos uno.

Los días se iban acumulando y yo no podía encontrar otro trabajo ya que antes de las seis de la mañana era muy difícil llevar solicitudes de trabajo y como no había un horario para terminar, nuestro trabajo terminaba cuando acabábamos de tirar la última bolsa de basura y luego todo lo que queríamos era llegar a nuestra casa, bañarnos y descansar. El único día franco que tenía era el domingo pero íbamos a la iglesia con la familia por la mañana y luego dormía el resto del día a fin de reponer fuerzas para poder trabajar la siguiente semana

Faltando algunas semanas para que llegue la Navidad, estaba pensando en que tenía que hacer algo que pudiese cambiar nuestras vidas. Estaba cansado de recoger basura y de que todos los días sean iguales. Me propuse firmemente que aquella sería mi primera y última Navidad como basurero. Los clientes que tenía en mi ruta eran cerca de dos mil personas y me preguntaba qué podía hacer con tanta gente ¿Cómo podría beneficiar a mi familia en aquel tiempo tan difícil? Se me ocurrió tomarme una foto con mi uniforme de basurero y rodeado de mi esposa e hijos, la pegué en un papel y escribí una carta a los clientes. En ella les hacía saber acerca de mi familia. Les decía que a nuestra familia también nos gustaría tener una Navidad en donde mis hijos puedan recibir regalos, pero con el sueldo que tenía en la Georgia Waste, aquello no sería posible debido a mi numerosa familia.

Les pedía que permitieran a mi esposa poder limpiar sus casas, para poder tener algún dinero extra que nos permitiera comprarles regalos a nuestros hijos, a los cuales queríamos tanto, y así nuestra familia pudiese tener, como las otras familias "una feliz Navidad". Asimismo, les deseaba a todos los clientes que tuvieren una Navidad feliz y que el año que comenzaba les trajese mucha dicha y felicidad. Al fin de la carta puse mi dirección y número de teléfono para que nos llamaran. Cada noche, después del arduo trabajo y en pleno invierno, salía con mi hijo mayor César y pegábamos aquella carta en los buzones del correo de cada casa. Nos quedábamos maravillados de tantas luces que adornaban aquellas residencias. César me decía:" ¡sabes papá esta casa nos va a dar dinero!" y colgaba la carta en aquel buzón. Llegábamos por las noches cansados y con frío, pero muy emocionados, pues si tan solo el diez por ciento de nuestros clientes nos regalase diez dólares cada uno, entonces, tendríamos unos dos mil dólares que nos servirían muy bien.

Recuerdo un barrio de unas trescientas casas, las más económicas no bajaban de los trescientos mil dólares y la mayoría de sus propietarios eran empresarios. Pensábamos con mi hijo que de allí sacaríamos mucho dinero, pues sabíamos que aquellas familias donarían el dinero, tan necesario en aquellos momentos para nuestra familia. Los días seguían corriendo y no tenía suficiente tiempo para repartir tantas cartas, pues trabajábamos hasta bien entrada la tarde, por lo tanto, "me enfermé" por dos días y anduve esos días repartiendo las cartas hasta que finalmente las dos mil cartas fueron entregadas. Ahora había que esperar por los resultados.

Empezaron a llamar algunos clientes. Nos hacían saber que tenían algo para nosotros. Mi esposa consiguió seis casas para limpiar y estos se volvieron clientes fijos. Eso nos permitió un ingreso extra de trescientos dólares semanales que nos sirvió de mucho. La gran sorpresa nos llevamos con aquel grupo de casas de gente rica, pues solamente una persona nos hizo una donación de cincuenta dólares. Las otras doscientos noventa y nueve no nos dieron nada, ni siquiera las gracias.

Cierto día recibí una llamada de una señora que me pidió que después de mi trabajo pase por su casa porque tenía algo para nosotros, y allí estuve apenas salí de mi trabajo. Era una casa muy pequeña y se veía que la familia era muy pobre. No quise golpear aquella puerta pues me dio pena por aquella familia, pero luego me retorné pues quizás esa gente tendría algún juguete para alguno de mis hijos. Golpeé la puerta y cuando salió la señora me identifiqué como Luis García, su recolector de basura. La señora entró en la casa y al rato vino con un billete de cien dólares. Fue el regalo más valioso que recibí de mis clientes y provino de una humilde familia que realmente amaba a su prójimo y que tenían claramente entendido el verdadero significado de la Navidad. Sé que Dios bendijo grandemente esa familia en aquella Navidad.

No conseguimos todo lo que habíamos anhelado, pero dimos gracias a Dios por tener aquel trabajo y por la ayuda que nos dieron aquel puñado de hombres y mujeres que realmente nos ayudaron a tener una feliz Navidad.

Comenzando el año me propuse firmemente no seguir recogiendo basura. Me propuse pensar en algo que realmente pudiera cambiar nuestras vidas. Saltar de un empleo a otro no solucionaría nuestro nivel económico. Estábamos en el "primer mundo", en el país de las oportunidades. Nunca pensé que los Estados Unidos era una "Jaula de Oro". Aquí nadie está preso, pero lamentablemente mucha de mi gente hispana pensaba así y de acuerdo a como piensas, así actúas. Todo el tiempo pensé que si Dios nos puso en este país, Él también nos seguiría abriendo puertas, pero para que la misma se abra, primero había que caminar hasta aquella puerta y luego golpear. Siempre tenía en mente el tremendo sufrimiento que pasaban los que cruzaban la frontera por territorio Mexicano. La cantidad de salvadoreños que venían huyendo de la guerra. A todo el que cruzaba de esta forma se le llamaba "mojado", pero los salvadoreños decían de sí mismos, que ellos eran tres veces mojados, pues debían cruzar tres ríos antes de entrar en territorio americano. Las historias que contaban aquella gente de la guerra en el Salvador, ponían a una persona la "piel de gallina". Viajaban familias completas con sus niños dejándolo todo en su querido Salvador, incluyendo a sus parientes que aun vivían y a los que habían muerto en aquella sucia guerra, en donde las familias estaban divididas, pues si uno de los miembros de la familia estaba en el ejército, el otro estaba en la guerrilla. Muchos de los que vestían el uniforme del ejército lo hacían porque fueron obligados y lo mismo pasaba con la guerrilla. Ambos bandos usaban la intimidación y la presión para reclutar soldados a sus filas. Los salvadoreños tenían tres caminos que tomar: se hacían soldados o se hacían guerrilleros o salían del país. Tal vez muchos de los que lean esto puedan pensar que esto no es verdad, pero los salvadoreños saben que tristemente esa fue la realidad y que aquella guerra cambió para siempre el destino de millones de salvadoreños.

Cierta vez pregunté a un señor que había servido en el ejército salvadoreño y que ahora se encontraba viviendo en Virginia

¿Qué cosas pasaban por su mente cuando usted prestaba servicio en el ejército de su país? Me respondió que fue una experiencia extremadamente dura ya que desde los soldados hasta a los oficiales se les enseñaba que cuando un superior les preguntara

¿Quién es su madre?, inmediatamente debían responder "mi patria" y esto lo hacían miles de veces hasta que se les quedaba bien grabado en la cabeza, que mientras vistieran el uniforme del ejército, su madre terrenal no existía ya que solo tenían una madre: su patria. Me contó que muchas veces iban en grupos y llegaban a una casa con la misión de matar a alguien. No tenían que dispararle todos juntos a la víctima, ya que previamente se le asignaba a un soldado de ese grupo que una vez identificada la misma, éste le diere muerte. Las escenas eran desgarradoras, pues los familiares que se encontraban junto a la víctima caían de rodillas suplicando que no mataran a aquel hijo o hermano o padre, o a quien sea. El encargado de la ejecución tenía órdenes de matarlo "a sangre fría" y no podía ni debía dudar, pues sabía que cuando retornaran al cuartel, sus compañeros serían sometidos a un interrogatorio y debían dar un informe exacto de cómo fue ajusticiada la víctima. Se les preguntaba si el encargado de la ejecución se dejó influenciar por las lágrimas de los familiares, o si le tembló la mano cuando tuvo que disparar. El castigo que recibía aquel soldado si fallaba en alguno de estos rigurosos requisitos era realmente cruel. No había piedad para nadie.

Me dijo aquel hombre que tenían dos opciones, ser sensibles al sufrimiento humano o volverse piedras. El decidió ser "una piedra", y en realidad lo fue. Después de servir por muchos años en el ejército y haber repetido tantas veces que "su madre era su patria", aquello se pegó muy fuerte en su corazón. Por circunstancias que le había tocado vivir, aquel hombre no guardaba mucho afecto por su verdadera madre, y después de tantos años repitiendo aquella frase, no tenía casi afecto por su madre.

Cierto día aquel hombre decidió salir de El Salvador. Muchos de sus amigos habían muerto asesinados por la guerrilla y él no quiso ser uno más, y sin dudarlo decidió irse a los Estados

Unidos. La familia de aquel hombre se había dispersado; solamente tenía el teléfono de una de sus hijas. De su esposa y de sus demás hijos solo sabía que se encontraban en algún lugar del Salvador. En la casa de este hombre solo vivía su "madre" y como el afecto hacia ella era menos de cero, pensó en dejarla allí abandonada y emprender el camino sin siquiera despedirse de ella. Pero fue movido por compasión hacia aquel ser, que pese a sus errores – cometidos por su profunda ignorancia pensó que sería mejor dejar a su madre, al cuidado de una amiga suya que vivía a unos pocos kilómetros de su ciudad. Hacía meses que no veía a su mamá y esta señora se alimentaba porque los vecinos le arrimaban algo de comida a diario. Aquel hombre llegó junto a su "madre" y le dijo: "prepárese señora, que la voy a llevar junto a doña Matilde."

La señora lentamente puso sus pocas pertenencias en su bolsa y se fueron junto a doña Matilde, pero al llegar a dicha casa no había nadie. Esperaron por algunos minutos y aquel hombre se empezó a poner nervioso pues estaba amenazado de muerte. Aquellos minutos se le hicieron horas y se preguntó que hacía allí con aquella mujer. Él ya no era un hombre: era una piedra y las piedras no aman por lo tanto ¿qué hacía ahí al lado de aquella mujer? Decidió no esperar más; llevó a su "madre" hacia la esquina de la casa, la hizo sentar junto a una pared y le dijo: "no se mueva de aquí, voy a comprar cigarrillos y vuelvo; no se mueva mamá espere aquí". No le había dicho mamá a aquella señora por muchos años, quizás porque sabía que no le vería más, algo en su ser lo conmovió y la llamo mamá, luego partió hacia los Estados Unidos dejando a su madre sola en aquella esquina...

Años más tarde, viviendo en Virginia, aquel hombre quiso saber acerca de su madre. ¿Qué habría pasado con ella? ¿Viviría en la casa de Matilde o habría fallecido? Como todavía estaba en comunicación con una de sus hijas le encargó que averigüe acerca de su abuela. Días más tarde, se comunicarían nuevamente y le comentó que la abuela había muerto pocos días después que él la dejó en aquella esquina. Aquel día la señora Matilde volvió a su casa y vio a su amiga sentada junto a aquella pared y por supuesto la invitó a entrar, a lo cual su amiga se opuso pues le contestó: "mi hijo me dijo que no me mueva de aquí, que aquí, lo espere," y por más que la señora Matilde trató de convencerla, no pudo. Finalmente solo atinó a llevarle unas mantas y abrigo para que pase ahí la noche. Al día siguiente la señora Matilde y otros vecinos estuvieron en vano tratando de convencer a aquella señora de que se refugie en casa de Matilde y espere a su hijo allí, pero ella volvía a repetir la misma cosa, y allí, junto a aquella pared, una mañana Matilde encontró a su amiga muerta. Murió esperando el regreso de su hijo.

Cuando aquel hombre se enteró de la muerte de su madre se entregó por completo al alcohol. En sus borracheras veía a su madre en aquella pared esperándolo. Estuvo a punto de suicidarse pero acudió a Alcohólicos Anónimos, y con la ayuda de esta gente, aquel hombre logró volver a la sobriedad, se acercó a Dios y buscó su perdón. Esta organización está prácticamente en todo el mundo, pero muchos alcohólicos esperan hasta mañana para ingresar a ella y cambiar sus vidas.

Yo no quería seguir recogiendo basura, pero para salir de allí debía conseguir otra ocupación. Durante ese tiempo mucha gente mexicana estaba llegando a Atlanta pues se venían de otros Estados. Atlanta estaba en el auge de la construcción y miles de mexicanos llegaban y llenaban los departamentos. En nuestro edificio solamente había dos familias hispanas cuando recién lo rentamos, pero para cuando yo trabajaba en la basura, ya el treinta por ciento de los mismos estaban ocupados por hispanos. Me di cuenta de que ese era el tiempo de dedicarse a las ventas pues no necesitaba inglés para venderle algún producto a esta gente.

Lo que no sabía era que iba a venderles, día y noche pensaba en que producto de consumo masivo me podría involucrar. Cada día y cada minuto le exigía a mi mente que me dé ideas.

Cierto día fui a visitar a un amigo que me invitó a cenar. Al llegar vi a un muchacho coreano que conversaba con mi amigo. El coreano se dirigió a mí y me dijo algo en inglés. Por supuesto que yo no le entendí nada, entonces, mi amigo me lo tradujo.

El coreano quería que yo reuniera tres parejas en mi casa y él cocinaría para nosotros. Él pagaría todos los gastos de la comida incluyendo el postre y aparte me daría un regalo. Le dije que si él ponía todo y aparte me iba a dar un regalo, no tendría mayores problemas en acceder a su petición. Llenamos una hoja y fijamos un día miércoles a la noche para aquella cena. Cuando el coreano se fue, mi amigo me mostró unas ollas especiales que vendía aquel señor y se veían muy lindas. Cuando le pregunté el precio, me dijo que todo el juego le había costado dos mil dólares. Cuando supe eso, quise cancelar la cita pues éramos pobres y como mis amigos también lo eran no iba a ponerlos en el compromiso de comprar ollas tan caras. Mi amigo sonrió y me hizo saber que no tenía el teléfono de aquel hombre.

El martes a la noche, un día antes de nuestra cena, vino el coreano a mi departamento. Al verlo me puse contento pues no quería que hiciese aquella cena, pero el hombre vino con mi

regalo, una bonita máquina procesadora de verduras, me recordó que la cena era solamente para parejas y que nos veríamos al día siguiente y dicho esto se fue. Me dije a mi mismo que nada perdíamos reuniendo a estas tres parejas y de paso comeríamos gratis y saludablemente.

7. LA NOCHE QUE CAMBIO MI VIDA

Al día siguiente mientras corría detrás de aquel gran camión tirando bolsas de basura, algo me decía que mi vida cambiaria y que muy pronto ya no estaría en las malolientes oficinas de Georgia Waste, que tampoco marcaría tarjetas en mi nuevo trabajo y que ganaría el dinero que yo me dispusiere ganar y no el que me asignara una empresa. Sentía que sería libre y que viajaría y conocería nuevos horizontes. Ese sentimiento lo experimenté durante todo ese día, algo me decía que me involucraría nuevamente en ventas.

Esa noche nos encontrábamos en mi departamento las tres parejas, Ana y Jorge (mis cuñados), Jenny y David (unos amigos americanos) y mi esposa y yo. Al rato llegó el coreano acompañado de otro señor que se encargaría de cocinar. Aquellas ollas especiales estaban relucientes por todos lados, se veía que eran de muy buena calidad y además tenían garantía de por vida. Aquel cocinero hablaba maravillas de las ollas y que cocinaría sin agua, grasa, ni aceites. Cocinó pollo con verduras e inclusive hizo un rico pastel. Aquella noche mi vida fue afectada por esa demostración ya que por momentos me veía en el lugar de aquel hombre, dando charlas sobre como comer saludablemente y dándole así una mejor calidad a nuestras vidas.

-Ya tengo un nuevo trabajo – le dije a Regina -, voy a hacer lo mismo que hace este hombre.

- Puedes vender estas ollas porque eres vendedor – me dijo mi esposa -, pero nunca cocinaste ni siquiera un huevo frito.

- Tienes razón – le dije -, pero yo voy a hacer lo mismo que hizo este hombre, voy a llenar las ollas con comida, estas ollas cocinan solas.

Al terminar aquella cena yo había tomado la decisión de involucrarme en la venta de aquellas ollas tan especiales. Yo no tendría que vender las ollas, aquellas ollas se vendían solas. El único problema era que yo no hablaba inglés y aquellos hombres no hablaban español. Al siguiente día le comenté a un compañero de trabajo que había tenido una cena muy interesante la noche anterior y que allí había conocido unas ollas extraordinarias. Le dije que me gustaría trabajar para aquella compañía, pero ellos solo hablaban inglés. Para mi sorpresa, Walter, mi compañero de trabajo había recibido también a un grupo de vendedores de las mismas ollas, solo que aquel cocinero hablaba español. Inmediatamente le pedí que me consiga el número de teléfono de esa gente, quería entrar en ese negocio lo más rápido posible.

Me comuniqué con Susana, la gerente de esa empresa, y le dije que quería ingresar lo antes posible en la venta de ollas. Me dio cita dos días más tarde los cuales me parecieron una eternidad, pero finalmente conocí a Susana y a Humberto su marido. Me dieron folletos y libros informativos sobre las ollas y todos lo relacionado con la venta. Llegué a mi departamento con toda aquella información dispuesto a "empaparme" de conocimiento. Descubrí que entre los premios que se podían ganar por muchas ventas había un viaje en un crucero, yo en mi imaginación me subí a aquel barco y viajé en el con mi esposa. Me propuse que cuando dieran como premio un viaje en crucero yo estaría allí, sin importarme el sacrificio que hubiere que hacer, aquel era mi barco y nada me iba a impedir que me suba a él.

Dos días más tarde, llegó la fecha de la segunda entrevista. Ese día, luego de mi jornada laboral "volé" hacia la casa de mi gerente Susana. Para llegar a su departamento tenía que viajar cuarenta y cinco minutos, quería ponerle alas a mi vehículo. Por fin llegué, toqué el timbre y apareció su hijo, y le cuando pregunté por su madre aquel niño me respondió que no estaba. ¿Cómo que no estaba? Había trabajado todo el día, "me bañe a la ligera", no probé comida alguna para estar puntual y aquella señora ¡no estaba! Me volví con una frustración tremenda a mi departamento. ¿Cómo podía ser que Susana no me haya esperado? Yo fui puntual. Ella puso el día y la hora pero no respetó la cita. Al día siguiente, cuando me comuniqué con Susana me pidió disculpas y me dijo que se había olvidado de nuestro compromiso. Al sábado siguiente nos reunimos en una casa en donde había una demostración de las ollas. Aquella noche yo ya estaba listo para "lanzarme al ruedo" pero Susana no me dio el equipo para trabajar; quería seguir entrenándome. Marcamos otra cita para la semana siguiente, y le dije que el día fijado, martes a las ocho de la noche, iba a estar ahí así "llueva y caigan rayos", y ella también me dijo que allí estaría.

El martes a la noche llegué a la cita y una vez más Susana no estuvo. De nuevo llegué a mi casa con mucha frustración, me senté en la sala y llamé a Susana. Aún no había llegado. Como yo me levantaba a las cinco de la mañana y había trabajado muy duro todo el día, vencido por el cansancio me quedé dormido. Me desperté a las dos y media de la mañana e inmediatamente llamé a Susana. Me atendió una mujer, era Susana.

- ¿Qué pasó con nuestra cita señora? – le pregunté.

- Señor García, son las dos y media de la madrugada – me dijo la señora bastante enojada.

-Señora Susana – le dije -, le llamo porque quiero que sepa que quiero empezar cuanto antes a vender esas ollas. Déme una nueva cita y no me detenga esta vez o me busco otra compañía.

Por fin nos reunimos una vez más y me entregaron una maleta con el juego de ollas. Esto fue un día martes, al día siguiente le hice el anuncio a mi esposa:

-Voy a renunciar a la Georgia Waste.

-No lo hagas – me dijo -, comienza este nuevo trabajo como un part-time y cuando empieces a tener buena entrada, entonces, dedícate a tiempo completo.

No le prometí nada aquel día, pero en mi oídos sonaron muy fuerte voces que me decían "en la basura no está tu futuro, no esperes a mañana". Me fui a mi trabajo sabiendo que sería mi último día. Cuando marqué la tarjeta me propuse nunca más marcar tarjetas, ¡nunca más! Como este sería mi último día y no me importaba nada lo que pudieran hacerme, me acosté en uno de los sofás de la compañía esperando que me ordenaran partir con alguno de los camiones, y estaba tan contento y sentía tanta calma que me quede dormido. Al despertar eran las nueve de la mañana; todos los camiones habían partido y yo estaba allí. Al rato uno de los jefes vino a ordenarme que lavara con una manguera a presión un grupo de baños portátiles. Nunca había hecho aquel trabajo pero lo había visto hacer y sabía que la presión del chorro de agua levantaba una llovizna de agua mezclada con orín y partículas de excremento que mojaban a quien le tocare la nada agradable tarea de lavar aquellos baños. Este fue mi mejor momento: mi momento de gloria.

- Jefe – le dije a ese hombre -, ¿sabes qué?, tendrás que lavar tú mismo esos baños, porque yo renuncio en este mismo momento y dejo de trabajar en esta compañía.

Aquel hombre pensó que yo le estaba haciendo una broma, pero cuando me vio que me dirigía al baño y que más tarde salía con mi ropa normal y que ya no tenía el apestoso uniforme de trabajo, entonces, se dio cuenta que la cosa iba en serio. Pasé de largo por las oficinas y al llegar a mi vehículo, uno de los jefes me trajo un papel.

- Tiene que poner aquí la razón de su renuncia, y sepa que cuando usted necesite referencias de trabajo, les diremos que usted renunció sin darnos comunicación por escrito de por lo menos dos semanas antes de retirarse.

- No se preocupen de eso – le dije -, hoy decidí ser un hombre libre y no ser más un empleado. Nadie manejará mi vida desde este día en adelante.

Miré aquel papel y no sabía que iba a escribir allí. No sabía mucho inglés, entonces, solo atiné a escribir "No more garbage for me" (No más basura para mí), y firmé: Luis García. Llegué a casa a las nueve de la mañana y cuando me vio mi esposa, cayó sentada en el sofá.

- No me digas que renunciaste – me dijo en una voz apenas audible,

- No tengo otra alternativa – le dije – si me dedico a las ollas temporalmente, no llegaré a ninguna parte. Lo voy a hacer a tiempo completo, a "vencer o morir."

Media hora más tarde me encontraba en la calle. Era libre, no tenía horarios ni patrones que me dijeran lo que tenía que hacer y ganaría el dinero que me propusiera ganar, no el que me fijaran los "dirigentes". Por no tener mucha experiencia en este nuevo mercado, las primeras semanas fueron críticas, cometí muchos errores y lamentablemente mi familia pagó el precio de mi incapacidad. El primer mes gané trescientos dólares, el siguiente seiscientos. Solamente la renta del departamento era de quinientos cuarenta dólares, la situación se tornaba desesperante pues no teníamos suficientes ingresos.

Durante esos días, una mañana mi cuñada Ana que vivía frente a nosotros llegó diciéndonos que cierta fabrica estaba tomando empleados. Mi esposa me dijo que fuera a llenar una solicitud de empleo. Yo no quería para nada volver a ser un empleado. No quería llevar ninguna solicitud, pero tampoco quería contradecir a mi esposa, pues ella estaba muy nerviosa, ya que no era diferente de las otras personas. Todas las mujeres lo que más anhelan es tener seguridad, que sus hijos puedan crecer, desarrollarse, estudiar, graduarse en una Universidad, ser "alguien" en la vida, y estos eran también los anhelos de mi esposa, por lo tanto nos fuimos hacia esa fábrica. Yo iba manejando e iba muy alerta,

algo me decía que el Padre en los cielos no quería verme en una fábrica, sabía que algo iba a pasar, pero no sabía qué. Seguíamos camino a la fábrica y yo seguía bien alerta, esperando alguna señal, alguna cosa que me desviare del camino hacia aquel lugar.

Entonces, apareció aquella señal: un cartel que anunciaba que la ciudad de Gainesville se encontraba a treinta millas. Yo había leído en un periódico que Gainesville estaba lleno de hispanos que trabajaban en fábricas de pollos.

- Mira – le dije a mi esposa – aquí cerca está Gainesville. Allí hay miles de hispanos.

- Es demasiado lejos – me dijo Regina – y tu vehículo es muy viejo y las ruedas están demasiado gastadas. Sigamos hacia la fábrica.

Llegamos al lugar y vimos que había una larguísima línea de gente esperando para llenar la solicitud de trabajo. Estuvimos por algunos minutos en aquella larga fila y luego, para mi alivio, mi esposa repentinamente decidió que regresáramos a nuestra casa.

Al día siguiente llamaron por teléfono a requerirnos pagar una cuenta de sesenta y cinco dólares que no teníamos.

- Hay que tener el corazón de acero para vivir en este país – dijo mi esposa.

- No te preocupes, esta semana se arreglará todo. Vamos a tener éxito – le dije -. Yo estaba pensando ir a Gainesville, pero no se lo comenté.

- ¿No estarás pensando ir a Gainesville? – me preguntó como leyéndome el pensamiento.

- Pare serte sincero, no sé adónde ir – le contesté porque no le quería mentir Solo sé que a donde vaya hoy, voy a tener éxito.

Por supuesto enfilé mi destruido vehículo hacia Gainesville. No tenía rueda de auxilio y le pedí a Dios que me ayudara a llegar. Cuando llegué allí estaban los mejicanos, estaban en todos lados. Llegué a un departamento en el cual se encontraba un señor mejicano y le dije muy emocionado que quería ofrecer una cena su casa.

- En esa cena – le dije -, yo voy a cocinar en unas ollas que cocinan sin grasa ni aceite.

Aquel hombre me miró asombrado y acariciando su bigote dijo:

- Sin grasa ni aceite… ¿Y cómo va hacerlo?

Mientras le mostraba las ollas salió su esposa y apenas las vio se quedó enamorada de las mismas. Les volví a hablar de hacer una cena y le dije que la compañía iba a cubrir todos los gastos, y además les iba a dar un regalo. Aquella señora aceptó gustosa y dijo: "vamos a tener que endrogarnos". Me quedé frío pues no sabía a qué se estaba refiriendo aquella mujer. Ella se dio cuenta y me dijo que "endrogarse" para ellos quiere decir comprar a crédito. "Ya tenía una venta", me dije a mí mismo. Para cuando regresé a Atlanta, ya tenía organizada tres comidas. Puse mucho entusiasmo en las parejas que debían organizar las cenas pues sabía de antemano que de aquellas reuniones iban a salir muchas ventas. Regresé a mi casa con un aire de triunfo que no podía disimular.

- Ya la encontré –dije a mi esposa.
- ¿Qué es lo que encontraste? – me preguntó.
- La mina de oro – le contesté está en Gainesville.

El fin de semana siguiente tenía tres comidas para realizar. Me preparé adecuadamente para hacer mi mejor presentación. Por suerte tenía un gran aliado, el extraordinario material con el cual habían sido construidas aquellas ollas. Puro acero quirúrgico, con varias capas y una perfecta distribución de calor que las permitía cocinar con muy poca temperatura manteniendo todo el poder nutricional de las carnes y verduras. En realidad las que iban a convencer eran las ollas y así lo hicieron. Aquel fin de semana gané mil doscientos dólares que me los pagaron todo en billetes de a veinte. Nunca había ganado tanto dinero en una semana.

Unos días más tarde nos visitó desde Cleveland, Ohio, un señor que trabajaba con la compañía desde hacía cuarenta y tres años. Su nombre nunca voy a olvidarlo: Stan Squizano. Yo podía afirmar que nadie conocía tan bien el negocio de las ollas como él. En aquel tiempo la mayoría de la población pensaba que aquellas ollas eran demasiado caras, pero Stan se encargó de hacernos ver con cientos de pruebas que la mejor inversión que podía hacer un ama de casa era invertir en un juego de aquellas ollas. Nos enseñó que en otras ollas que no fuesen de ese material, sin excepción, no eran apropiadas para cocinar, especialmente en las de aluminio y teflón, que eran las que abundaban en los hogares. Nos hizo pruebas de cómo nos comemos poco a poco aquellos metales. El hombre era una enciclopedia viviente y nunca se le agotaban los conceptos cuando exponía los beneficios de cocinar con aquellas ollas. Nos hablaba por horas y sus charlas eran muy motivadoras y siempre terminaba diciendo: "Si después de mostrarles a sus futuros compradores todas las ventajas y beneficios que traerían a sus familias invertir en un juego de esta ollas, y estos se negaran a comprarlas, si ustedes tuviesen que sacar un revolver y obligarlos a comprar, sepan que les están haciendo un favor, que el cliente lo agradecerá eternamente". Esa era la convicción que Stan tenía acerca de las ollas de acero quirúrgico, y nos la transmitía cada vez que nos visitaba y nos motivaba a superarnos.

Una de mis metas más inmediatas era la de llegar a ser gerente. Para poder lograrlo tenía que reclutar vendedores. En cierta ocasión hice una comida en casa de unos amigos. Aquella casa se llenó de gente, todas las amas de casa que asistieron quedaron maravilladas acerca de aquellas ollas, entre ellas había una señora llamada Rosario. Al día siguiente de aquella comida comencé a visitar las familias. Todos eran parientes entre sí, y la primera familia que compró un juego, comentó que Rosario había quedado enamorada de las ollas, pero dada su angustiosa situación económica, sería muy difícil que ella comprara alguna. De aquella comida salieron seis ventas y en cada casa alguien comentó la forma en que fue impactada Rosario con la demostración, también todos coincidían que ella no podría adquirir nada por su situación económica. Por fin llegó el día en que me tocó visitar a Rosario. Allí conocí a su esposo al cual ella llamaba Papo. Le mostré las copias de los contratos que había hecho con todos sus parientes y me dijo que su situación era muy apremiante. Estaban atrasados en el pago de su casa y también de su único automóvil y temían perder ambas cosas. Papo me comentó que cada mes debía pedir prestado a su compañía cierta cantidad de dinero para apenas poder pagar lo imprescindible. Aparentemente no había chance alguna de que pudieran invertir en las ollas a pesar de que Rosario anhelaba tenerlas. Su marido, un hombre muy sensible, estaba sufriendo mucho pero aparentemente nada podía hacer. Entonces, me acordé de Stan y de su afirmación de que si fuese necesario, habría que sacar una pistola y obligarlos a comprar sabiendo en lo más profundo de nuestro ser que le estamos haciendo un favor a aquella familia. Yo quería ayudar a Rosario para que tenga las ollas, por lo tanto, le propuse que de la entrega inicial que eran ciento ochenta dólares, solamente me diera veinte y que se olvide del resto. También había que pagar el correo cuando recibiera las ollas. Para conseguir este dinero le sugerí que haga volantes ofreciendo sus servicios de limpieza de casas. Le comenté que mi esposa estaba haciendo unos trescientos dólares a la semana y que le ayudaría en todo lo que esté a mi alcance para que ingrese dinero, no solo para que pueda pagar las ollas, sino también para paliar su difícil situación económica. La cara de Rosario se iluminó y esto no pasó inadvertido a Papo.

- Mi amor – le dijo – si quieres las ollas las vamos a comprar. Yo te ayudo a preparar los volantes en mi computadora. Alguien va a contactarte y con eso, en el peor de los casos, ya tienes para tus ollas.

Y con esa determinación, compraron las ollas. Les compartí que por experiencias vividas, cuando uno quiere hacer algo, no hay que esperar a mañana pues los mañanas se juntan y el tiempo se nos va. Les sugerí que esa misma noche diseñaran la propaganda para que al siguiente día hicieran las copias. Así lo hicieron y días después repartieron mil copias eligiendo cuidadosamente las casas para que tuvieran éxito. Pasaron los días pero nadie los llamó. Me dijeron que el juego de ollas de Rosario venía en camino y que lo recibirían un día miércoles. Yo sabía que para recibirlo deberían pagar al correo otra suma de dinero y mi preocupación era si tendrían el dinero. Al atardecer de aquel miércoles los llamé. El teléfono sonó y contestó Rosario.

- ¿Recibió las ollas? – le pregunté.
- Sí – me contestó.
- Me imagino lo contenta que ha de estar – le dije con mucho entusiasmo.
- Como voy a estar contenta – me dijo -. Nadie me llamó de ninguna casa y ahora tengo otro compromiso y yo sin dinero.

En aquel momento se encendió una luz en mi cerebro. Si Rosario había recibido las ollas a pesar de todos sus problemas probablemente las podría vender.

- Creo que tengo la solución a sus problemas – le dije -, pero primero déjeme llegar a su casa. Iré con mi esposa. Espéreme allí.

Media hora más tarde allí estábamos. Le hicimos saber con Regina, que por una buena razón, ella no había tenido éxito en la limpieza de casas. Dios tenía algo mejor para ella que la haría ganar mucho dinero.

-¿Cuánto dinero? – preguntó.

- Entre trescientos y quinientos dólares por semana como mínimo – le dije.

- ¡Ay la virgen le escuche y yo pueda salir de este estado depresivo en que me encuentro!

Le invitamos a una reunión que tendríamos al día siguiente, un jueves, en casa de los gerentes Susana y Humberto. Allí estuvo puntualmente. Se quedó muy emocionada y se llevó un video en donde estaba la demostración grabada profesionalmente. Rosario tenía la firmé determinación de "absorber" aquel video lo antes posible. Este no era un deseo "ordinario", era una "obsesión". Aquella noche llegó a su casa y le dijo a su marido:

- Hoy dormirás solo, porque yo me pasaré viendo este video toda la noche.

Y así lo hizo. Al día siguiente, viernes, siguió viendo el video. El sábado bien temprano llamó a Humberto.

- Ya estoy lista para comenzar – le dijo.

- ¿Cómo usted puede decirme que ya está lista para comenzar?- le cuestionó Humberto -, si recién el jueves a la noche le entregué el video.

- Voy a su casa ahora mismo – le dijo Rosario -. Le haré una demostración, y verá que estoy lista.

Más tarde Humberto comentó que luego que Rosario le hizo la demostración, lo dejó asombrado, pues la hizo con lujo de detalles y dijo que esa mujer sería la próxima campeona.

Rosario hizo historia en la compañía. En su primer mes de trabajo se puso al día en todas sus cuentas y a los tres meses era la mejor vendedora de nuestro distrito. Se ganaba todos lo premios. Enseguida llegó a la posición de gerente y aquel "sueño americano" se convirtió en una realidad.

QUERER HACERLO ES LO MÁS IMPORTANTE (El resto se aprende por el camino.)

En nuestro grupo había una pareja colombiana: Hoover y Mélida. el llevaba años en este país, pero Mélida solamente tenía tres meses y quería trabajar en ventas. No tenía transporte ni conocía la ciudad, pero Mélida estaba determinada de hacerlo. Para llegar a la casa de los gerentes debía tomar tres autobuses y viajar una hora y media, pero allí estaba. Al terminar su entrenamiento, comenzó a trabajar en su vecindario pues no tenía vehículo. La compañía proveía a los vendedores de unas maletas muy pesadas en las cuales se cargaban las ollas para la demostración. Cada vez que Mélida iba a hacer una demostración, debía "arrastrar" aquellas maletas por su vecindario pues no le quedaba de otra. El tenía su trabajo de tiempo completo, por lo tanto, no podía ayudar mucho a Mélida, pero esta señora era, como dicen los colombianos, "bien berraca". Cierto día él se quedó sin trabajo.

Uno de los tantos días en que estaba saliendo a buscar trabajo Mélida lo detuvo. Se le estaban acabando los departamentos que tenía alrededor de su casa y necesitaba la ayuda de él, pues él tenía vehículo. Le sugirió trabajar juntos: él sería su chofer. Más tarde le enseñó a cocinar y a atender las comidas para que no se quemen. A el también le tocaba lustrar aquellas ollas para que se vean bien bonitas, por lo tanto, aparte de chofer, recibió el título de jefe de mantenimiento. Tiempo después, está feliz pareja fue bendecida con el nacimiento de una linda hijita llamada Melisa a la que llevaban cuando visitaban clientes. Mélida era quien hacia las ventas. Cierta noche vi el auto de el estacionado en un vecindario, era invierno y hacía mucho frío. Los vidrios del vehículo estaban empañados, pero podía verse que había alguien adentro. Allí estaba Hoover, dándole leche a su bebita, mientras Mélida estaba con un cliente en un apartamento cercano. Ahora Hoover era el chofer, jefe de mantenimiento y niñero. Me emocioné mucho al ver a mi amigo con tantas responsabilidades. Un tiempo más tarde tuvieron un varón. Ahora eran dos los niños que debían cargar. No era una tarea fácil el preparar ollas, comidas, pañales y biberones, y salir a trabajar.

Un día Mélida decidió, por las circunstancias que estaba viviendo, que no quería más salir a trabajar. Tenía dos niños pequeños que cuidar y supo que Hoover podía hacer solo el trabajo, pero él no quería enfrentarse a la gente él solo, pues nunca había hecho una venta. Los días fueron pasando y Mélida se mantuvo firme en su decisión de quedarse en la casa. Las cuentas comenzaron a llegar y Hoover no tuvo más remedio que salir a buscar clientes. La primera preocupación de los vendedores era conseguir que alguien les prestara su casa para reunir parejas y hacerles la demostración. Viéndose obligado por las circunstancias, Hoover salió a la calle decididlo a enfrentar lo que viniere. Llego a cierta área y vio a un hombre parado en la puerta de su bonito departamento, frenó su automóvil y pensó: "este hombre me va a hacer una comida en su apartamento". El hombre se volteó para mirar el vehículo que se había detenido frente a él y al verse observado Hoover sintió que un cosquilleo le subía por la espalda. Tuvo miedo, arrancó el vehículo y se fue. Dio toda la vuelta y allí estaba aquel hombre otra vez, se detuvo frente aquel departamento pero cuando el hombre volteó a mirarlo, una vez más tuvo miedo, aceleró y se fue. Sin embargo, algo lo hizo volver a aquel lugar por tercera vez. Aquel hombre seguía allí, parado como esperando a alguien. Esta vez, Hoover estacionó su auto frente a él, quien al verlo vino hacia Hoover.

- ¿Le puedo ayudar en algo amigo? – le preguntó.

Era la oportunidad de Hoover y no la iba a desperdiciar.

-Claro que puede ayudarme – le contestó -. Este fin de semana vamos a hacer una comida en su departamento. Usted va a invitar tres parejas y yo me encargaré de cocinar y pondré toda la comida. Además, usted por ser el anfitrión, va a recibir un regalo. Abrió su carpeta y le mostró los regalos a aquel hombre, que no entendía nada de lo que Hoover decía. Más tarde, cuando entendió de que se trataba, aquel señor estuvo dispuesto a hacer aquella comida e invitar a sus amigos. Hoover había conseguido por sí mismo su primera demostración, luego vinieron las ventas. Mélida podía tomarse un descanso, ahora Hoover era chofer, jefe de mantenimiento y vendedor.

Otra historia interesante de que cuando una persona quiere hacer algo, lo más importante es "querer hacerlo" (el resto lo aprendemos por el camino) es la de Mario Figueroa. Este hombre conoció el negocio de las ollas y también estaba sin vehículo. Quería trabajar y era un vendedor nato. Consiguió que le aceptaran una demostración a la cual fueron cinco parejas. Cuando le tocó visitarlos, dos estaban algo cerca, entonces, le pidió a un amigo su bicicleta para asistir a la reunión. A La tercera pareja fue a visitarla en taxi, y cuando hizo la venta, les pidió que lo llevaran a la siguiente cita diciéndoles que su automóvil estaba en el "taller". Lo llevaron al lugar y allí repitió lo mismo y así pudo visitar a todos los clientes. A los pocos días se compró su propio vehículo.

8. EL CRUCERO

(Regina, Karen, y Luis Garcia)

Cierto día nos llegó la noticia que tendrían una promoción especial en nuestra compañía. Nos reunimos una noche para saber de qué se trataba, estaban ofreciendo un crucero a la isla de Cozumel en México. Serían cuatro días inolvidables. Todavía no nos habían dicho que debíamos hacer, pero yo me dije a mí mismo que ese era nuestro crucero, el de mis sueños. No importaba lo que tuviera que hacer, lo haría. Cuando dieron las reglas para obtener aquel premio muchos opinaron que era muy difícil. Había que reclutar diez vendedores, luego se reunirían los montos vendidos y solo irían los que lograran vender más. No me iba a perder aquel crucero, era difícil llegar a esa meta impuesta por la compañía, pero la idea de no conseguirla jamás pasó por mi mente, por el contrario, me repetía a mi mismo: lo quiero y lo conseguiré.

No fue fácil pero conseguí los diez vendedores y los estimulé a vender. Teníamos dos meses para lograr la meta. Trabajé duro esos dos meses y estuve siempre alentando a mi grupo. Al finalizar el concurso no sabíamos quién del grupo de Atlanta se había ganado el premio. El único que se había preocupado por ganarlo fui yo, el resto no había hecho gran cosa. Las metas son muy importantes y la mía era viajar en crucero y darle a mi esposa esa satisfacción, pues mientras yo me encontrara haciendo mi mejor esfuerzo, ella hacía su parte con el cuidado de nuestros cinco hijos, (la cual es una tarea bien difícil) y sin su ayuda no hubiere podido lograr mis objetivos. Cierta mañana sonó el teléfono de mi departamento era Eliécer Vallejos, nuestro manager regional, me preguntó si tenía listo mi pasaporte y el de mi esposa y le dije que sí

- Bueno Luis – dijo el hombre ¡Felicitaciones!, se ganaron el crucero.

- ¡Nos vamos a México! – le dije a mi esposa y luego nos abrazamos, pues viajar en un crucero y sin sacar dinero de nuestros bolsillos era algo que nunca habíamos experimentado. Partimos del puerto de Miami rumbo a México. Con nosotros viajaban otros vendedores y managers y también el dueño de la compañía con sus dos vicepresidentes. Entre los managers se encontraba un hombre que había hecho historia en la compañía, su nombre Mike Orabobic. Este hombre tenía el récord de haber hecho cincuenta y un ventas en tan solo un mes. Mike no solamente había conseguido vender los cincuenta y un juegos, sino que lo extraordinario del caso es que cuarenta y nueve de estas ventas fueron al contado. Uno de mis objetivos en aquel crucero era juntarme con Mike para que me contara como hizo para tener tanto éxito. Al segundo día de nuestro crucero, Mike se había servido un plato con comida y estaba buscando un lugar en una mesa y esa fue mi oportunidad. Hice señas a Mike para que se sentara a mi lado y accedió.

-Mike le dije -, aprovechado que estás a mi lado, dime ¿Cómo hiciste para vender los cincuenta y un juegos de ollas en tan solo un mes? Y aparte ¿Qué técnicas usaste para conseguir que cuarenta y nueve te las pagasen en dinero efectivo?

- Bueno – me dijo -, te lo voy a decir, pero empecemos por el principio. Llegué a esta compañía por un amigo, comencé muy mal y pienso que era porque no tenía metas definidas. Estaba en el negocio correcto, pero no estaba viendo el dinero. Había hecho demostraciones, pero no había conseguido ventas y a los seis meses solo había ganado cuarenta y tres dólares y gastado cientos en combustible.

Aquel negocio de las ollas le estaba dejando perdidas. Un día, el amigo que le introdujo a este negocio, le invitó a tomar un café. Durante la plática, el amigo le agradeció el esfuerzo que había hecho para permanecer en la compañía.

- Mike, – le dijo tienes familia y aquí no estás haciendo dinero. Con el dolor de mi alma, pues te aprecio mucho, te pido que te vayas. Las ollas no son para ti, vete Mike, y búscate otras formas de tener ingresos.

La respuesta que le dio Mike a su amigo, es algo que no voy a olvidar jamás. Mientras me relataba, Mike dejó de comer y se puso de pie y dijo a su amigo:

- Sí, me voy a ir, ¡pero como un campeón! y mientras le dijo esto se golpeó el pecho con el puño cerrado. ¡Jamás me iré derrotado!

Al terminar aquella reunión con su amigo, Mike decidió ganar cinco mil dólares en los próximos treinta días. Tenía que hacer un trabajo "extraordinario", por lo tanto, buscó una señora Italiana, de esas que les que le gusta cocinar y le pidió que le permita hacer una demostración. Le explicó detalladamente a quienes debía invitar a aquella cena, le dijo que debían ser todas parejas como ella, a quienes les guste cocinar, pues esto era fundamental para que Mike comenzara a tener el éxito deseado. Había escrito su meta y la había pegado en el techo de su dormitorio, en el espejo donde se afeitaba cada mañana y en el vehículo que manejaba, quería tenerla presente en todo momento.

Aquel primer mes, ganó seis mil ochocientos dólares. Viendo Mike que había logrado su meta, inmediatamente puso otra, esta vez quería ganar diez mil dólares en un mes. Durante muchos meses no la alcanzó, pero finalmente lo logró. Luego dijo que quería quince mil dólares en un mes. Muchas veces anduvo muy cerca, hasta que un día lo logró y ganó en un mes dieciséis mil seiscientos dólares. Mike estaba ganando mucho dinero, se sentía realizado. Cierto día pasó por la agencia de ventas de automóviles Cadillac, y vio el vehículo de sus sueños. Era un Cadillac de color rojo, el último modelo, además estaba tapizado en cuero.

Mike no pudo resistir la tentación. Entró en la agencia y pidió que le mostraran aquel vehículo. El precio era de veintisiete mil dólares. Él podía comprárselo a crédito y llevárselo a su casa, pero a Mike le gustaban los desafíos.

Se fue a su casa, trajo su cámara fotográfica, y le pidió al vendedor que le sacase una foto frente a aquel automóvil. Luego puso aquella foto en su agenda, en la guantera de su auto, en el baño y en su mesita de luz. Él tendría aquel automóvil. Tenía la meta bien definida, quería un Cadillac de color rojo, último modelo, tapizado en cuero, y lo más importante e interesante: compraría aquel vehículo en efectivo. Quería ganar todo ese dinero en un mes. En aquel tiempo la compañía había hecho una ollita muy pequeña de ¾ de un litro, se veía muy bonita, pero no estaba a disposición de los clientes. Solamente podíamos comprarlas los vendedores. Se dice que para que una persona tenga éxito solamente debe tener una idea y luego trabajar con esta idea hasta que se haga realidad. La idea viene por inspiración pero luego viene la transpiración y esto es lo hizo Mike. Tuvo la idea de usar aquella ollita en una forma muy particular. Cada vez que visitaba a alguien para hacerle una demostración le hacía saber que debería invitar a sus mejores amistades. La dueña de casa tendría un regalo por prestar su casa, pero si él tenía éxito, tendría otros regalos más atractivos. Al visitar a los interesados que habían estado en las respectivas cenas, Mike les vendía un juego de ollas pero, "les sugería" fuertemente que ya que iban a hacer una inversión, traten de tener el juego más completo, y como las ventas casi siempre se hacían a crédito, les sugería que para que no tuvieren que pagar intereses hiciesen una entrega inicial que fuese, o se aproxime al 50% del monto de la venta, y que el resto,

se le iba a financiar. La gente accedía sin problemas y le entregaba un cheque. Mike luego pensó que si le daban todo ese dinero sin protestar, quería decir que tenían más, entonces, aquí entraba Mike a desarrollar aquella idea que se le había ocurrido. Con la pequeña ollita en su mano, les decía:

- Que pena señor, que usted no esté pagando al contado, todo el juego de ollas, porque este mes hay un regalo muy especial para todos los paguen al contado.

- ¿Y cuál es ese regalo? – preguntaban los clientes.

Y aquí Mike sacaba de su portafolio, muy parsimoniosamente, aquella ollita. La tomaba con mucha delicadeza y cuando acercaba al cliente la ollita, como para dársela, y éste trataba de tomarla,

Mike retiraba su mano y le decía a aquel hombre o a aquella pareja:

- Lo siento mucho, no se la puedo dar. No la pueden tener, ya que solamente la debo entregar a los clientes que compran al contado. Hagan un esfuerzo y de paso se ahorran todo ese dinero de los intereses. ¿Verdad que a ustedes no les regalan el dinero, que hay que trabajar bien duro para conseguirlo? Entonces, para que van a seguir enriqueciendo a los banqueros. Háganse un favor, denme otro cheque por el monto total y aquí les dejo esta ollita.

A veces le pagaban con un solo cheque, otras completaban con tarjetas de crédito, pero Mike lograba su objetivo de vender el producto al contado. Al terminar el mes Mike, había realizado cincuenta y una ventas, de las cuales cuarenta y nueve fueron en efectivo. Aquel mes Mike recibió un cheque de veintisiete mil quinientos dólares, fue al concesionario y pagó al contado su Cadillac rojo, tapizado en cuero.

Que diferente sería este mundo si todos los seres humanos tuviéramos la determinación de lograr objetivos como el que se propuso Mike Orabobic. Ahora si él quería, podía irse de la compañía, solo que saldría como ¡un campeón!

Llega a Atlanta Reynaldo Candelaria.

Unos meses más tarde, nos enteramos que tendríamos competencia en el mercado. Había llegado alguien desde Houston y venía a trabajar al mercado de Atlanta. Ofrecían ollas muy parecidas a las nuestras, pero había una ventaja muy grande en cuanto a pago de comisiones. Me interesé en saber más de esta compañía y obtuve el nombre del distribuidor que había llegado de Texas, Reynaldo Candelaria. Le llamé y le hice saber que tenía cinco años de experiencia vendiendo ollas. Aquel hombre volvió a Texas, pero me prometió que en un par de semanas estaríamos reuniéndonos en Atlanta. En aquellos días yo me encontraba trabajando en Carolina del Sur pues pensaba que en Atlanta no había mucho más que hacer.

Cuando me reuní con Reynaldo en Atlanta, los programas de su compañía me resultaron mucho más atractivos que los que yo tenía, por lo tanto, sin esperar a mañana, me asocié con la nueva compañía cuyas iniciales son R.P. y me fui de Atlanta rumbo a Carolina del Norte. El contrato que me ligaba a la compañía anterior, decía que si un vendedor se cambiaba de una compañía a otra que venda un producto similar, debería esperar seis meses antes de involucrarse en la nueva compañía o irse a hacer negocios a doscientas millas del lugar donde hizo negocios en los últimos seis meses. Por esa razón, para no tener problemas legales, me fui a

Carolina del Norte. A los pocos días de estar en Carolina, me comuniqué con una señora amiga que vivía en Virginia para alojarme en su casa. Una vez allí llamé a Reynaldo, quien me puso en contacto con dos hombres de la compañía: Alfredo Lara y Cruz Parada. Ellos tenían una oficina donde se reunían docenas de vendedores que diariamente rastrillaban las áreas no solo de Virginia, sino también sus vecinos Maryland y Washington DC.

Cruz Parada nació en un cantón en El Salvador. Vivía en un ambiente de pobreza y su alimentación no era la más adecuada para un niño en desarrollo, pero fue bendecido con una madre muy especial. En El Salvador las tortillas son una fuente de alimentación muy importante y desde niño Cruz creció viendo a su madre calentar tortillas cada día. Cruz sentía un amor muy especial por aquella madre que le daba todo lo que tenía, especialmente porque lo nutría con mucho amor. Él podía sentir aquel amor que lo penetraba hasta lo más profundo de su pequeño cuerpo y desde niño quería recompensar a aquella madre que le cuidaba afanosamente. Un día mientras su madre calentaba tortillas, él le dijo: "mamá cuando yo sea grande te voy a llevar a Roma". Su madre sonrió y contestó: "este cipote que me va a llevar a Roma". Cruz siguió repitiéndole esa promesa durante toda su niñez, ese era el anhelo más grande de su corazón: llevar a su madre a conocer Roma. Vinieron los duros años de la guerra.

Los hogares más golpeados fueron los de la gente pobre, pues no tenían los medios para irse a vivir a lugares más seguros. Cruz tenía doce años cuando comenzó la guerra en El Salvador, y por una cuestión de seguridad lo más aconsejable era dejar el país.

Poco tiempo después, Cruz junto a una hermana, abandonaron su querido Salvador, y viajaron a los Estados Unidos junto a su padre, que se encontraba viviendo en la ciudad de Houston. Allí Cruz fue a la escuela y aprendió inglés. Le tocó trabajar cortando pasto y por las noches limpiaba oficinas. Algún tiempo más tarde se encontraba trabajando como Bussboy , ganaba muy poco dinero, pero le alcanzaba para sobrevivir. Con el pasar del tiempo un amigo, Carlos, lo llevó a conocer la compañía de RP y allí conoció al señor Ramón Parada, quien también era salvadoreño y lideraba aquel grupo. Muy pronto el señor Parada se encariñó con Cruz ya que ambos eran de apellido Parada y salvadoreños. Carlos era el encargado de llevar a Cruz a la oficina, pero Cruz nunca estaba listo, y casi siempre llegaba tarde a las reuniones.

No entendía el negocio de las ollas, ni tampoco creía que podía ganar dinero vendiéndolas. Poco tiempo más tarde, Carlos se cansó de Cruz y no lo fue a buscar más.

- ¿Dónde está Cruz? – preguntó el señor Parada a Carlos.

- No voy a buscarlo más – contestó Carlos – pierdo mi tiempo con ese joven.

- Entonces, si no lo quieres más – le dijo Parada -, te lo compro .¿Cuánto quieres por Cruz?

- Deme trescientos dólares por él y es todo suyo – replicó Carlos.

Y así fue como Cruz, fue vendido por aquella insignificante suma. Carlos no sabía en aquel tiempo que estaba haciendo el "peor negocio de su vida". Después de aquella "transacción", Cruz se reunió con su líder y la primera cosa que Parada le preguntó fue acerca de las metas que el muchacho tenía. La respuesta de Cruz fue que su meta era seguir limpiando mesas y tener algún dinero para poder bailar cada fin de semana.

- Aparte señor Parada, yo no sirvo para este negocio – dijo Cruz.

- Pero, ¿es que no tienes alguna otra meta en tu vida? – le preguntó Parada.

Aquellas palabras penetraron el corazón de Cruz, pues sí tenía otra meta en su vida, la promesa que le había hecho a su madre en aquel cantón en su querido Salvador de que algún día la llevaría a Roma. Al comentarle su deseo de cumplir esa promesa el señor Parada le dijo:

- ¿Y limpiando mesas piensas reunir dinero para llevar a tu mamá a Roma? Quédate en R.P. yo te voy a enseñar cómo ganar dinero para que puedas cumplir la promesa que hiciste a tu madre.

Y Cruz se quedó. Al principio no hubo grandes cambios en su vida pero muy pronto se dio cuenta que otros compañeros que habían comenzado junto con el estaban alcanzando otras posiciones dentro de la compañía. Esto lo motivó a que él se esforzara en crecer. Se dijo a sí mismo "si ellos pueden, yo también puedo". No fue fácil subir la escalera, pero con mucho esfuerzo y motivado por la promesa hecha a su madre, hizo que él lograre la tan anhelada meta de ser un distribuidor, aunque esa no era su menta final. Tiempo después, con Alfredo Lara se mudarían hacia Virginia para reclutar vendedores y así alcanzar la tan anhelada libertad financiera .Les tocó trabajar muy duro y en una área muy distinta a la de Houston, pero los resultados fueron extraordinarios, comenzaron a llegar vendedores por docenas, el dinero llego con mucha abundancia, rentaron oficinas y asombraron a la compañía por la manera en que estaban creciendo. Aquel año Cruz recibió un trofeo muy codiciado por los distribuidores, el trofeo al grupo de mayor crecimiento ¡Menos mal que Cruz no servía para este negocio!

Cruz ya era todo un triunfador, había llevado a su madre a conocer Roma y estaba viviendo un estilo de vida que muy pocas personas (incluyendo los americanos) habían logrado. Todo fue hecho en base a esfuerzos, dura lucha, mucha visión, y también aquel ardiente deseo de premiar a aquella madre que le dio tanto amor. Todo esto se debe a que un día tomó la determinación
de moverse de Houston y sin esperar a mañana se montó en su carro y emprendió el viaje. Un viaje que lo estaba llevando a la cumbre del éxito.

Cierto día la R.P. anunció una convención en Las Vegas. Allá fuimos más de dos mil distribuidores de la compañía. Nos impresionó la majestuosidad de aquella ciudad. Nos hospedamos en un hotel muy elegante y como Las Vegas está rodeada de cerros, desde allí por la noche se pude admirar la ciudad. La convención duro tres días y durante ese tiempo estuve pensando en la posibilidad de quedarme en Las Vegas y no regresar a Virginia. No quería arrepentirme de pensar que pude haberme quedado y no lo hice. Me acordé la promesa que me hice una mañana muchos años atrás cuando vi salir el Sol sobre el horizonte, cuando me propuse no dejarme atrapar por ningún horizonte nunca más.

Me dije a mí mismo que cada vez que se presente ante mí un horizonte lo iba a cruzar. Llegó la última noche de la convención. Al día siguiente los dos mil distribuidores estarían viajando a sus hogares yo debía tomar una decisión aquella noche, y la tomé: me quedaría a vivir en las vegas.

Llamé a José Luis Calloni, un amigo argentino de muchos años, y le hice saber mi decisión. Aquel amigo me recibió en su casa y desde allí llamé a mi esposa y le dije que tendrían que empacar pues no mudaríamos a Las Vegas. Mi amigo tenía sangre italiana por parte de su padre, pero por el lado de su madre corría sangre árabe, por motivo de esta ascendencia, creo yo, que José Luis tiene una habilidad especial para hacer dinero. Recuerdo que cierta vez, tenía un negocio de entrega puerta a puerta, entregaban sobres y paquetes que deberían llegar a sus destinatarios lo más rápido que les fuera posible. Estos servicios eran muy bien pagados, trabajaban en su empresa más de sesenta mensajeros, 99% del trabajo se realizaba usando el transporte público, (trenes, ómnibus, trenes subterráneos) solamente contaba con una motocicleta. En estas condiciones se encontraba su negocio, cuando recibió una oferta de una importante empresa de venta de automóviles. Ellos querían que "Transmotors", así se llamaba el negocio de José Luis, se encargara de la distribución de todos los sobres y paquetes que a diario movía aquella empresa. Todo estaba muy bueno, solo había un problema, para poder darle el contrato, Transmotors debía contar con al menos veinte motocicletas. Esto pudo haber desilusionado a cualquiera, pero no a mi amigo, "nada es imposible" se dijo a sí mismo y comenzó a idear proyectos para conseguir aquel contrato.

Una semana más tarde, José conseguía aquel "jugoso" contrato. Al lunes siguiente se presentaron treinta mensajeros en la empresa de automóviles, veinte de los cuales (como lo exigían las leyes de tránsito) iban con su correspondiente casco protector. Todo anduvo de maravillas, aquel contrato duplicó los ingresos de Transmotors, lo que nunca se enteró la compañía de automóviles, fue que las veinte motocicletas nunca se compraron: aquellos jóvenes solo tenían cascos, las entregas las seguían haciendo con el transporte urbano (viveza criolla mezclada con árabe).

Viví en la casa de José Luis hasta que vino mi familia. Él me hizo conocer aquella ciudad tan especial, "clavada" en aquel desierto en donde la temperatura en el verano pasaba los 100 grados de calor.

Las ventas no anduvieron tan bien en aquella ciudad, pero ya estaba allí y había que seguir trabajando.

Durante dos años trabajamos muy duro. Regina me ayudaba mucho pero no veíamos la "luz", hasta que un día conocí a otra compañía que trabajaba en sistemas para purificar el agua de toda la casa. Inmediatamente me involucré con aquella compañía con el propósito de volver a Atlanta representado aquellos sistemas. Me dolió mucho dejar R.P. pues en los cinco años que trabajé allí, coseché muchas amistades pero había que seguir adelante. La mejor motivación que yo tenía era saber que seis hijos y una esposa esperaban lo mejor de mí y que yo no podía defraudarlos.

En cuanto a la nueva compañía, aprendí muy rápido todo lo referente a los sistemas de purificación de agua. Le propuse a la compañía que me permitieran representarlos en Georgia, y como aceptaron me dediqué a buscar un plomero que me quisiera acompañar a Atlanta. Estaba con mi esposa una mañana manejando y decidimos visitar a una amiga que tenía su propio negocio. Durante la visita le comentamos que volveríamos a Atlanta, entonces, ella nos preguntó:

-¿Y cuándo se van?

- Tan pronto consiga un plomero que estuviere dispuesto a viajar a Atlanta le contesté.

- Llévate a Gustavo – me sugirió.

Gustavo era su esposo. Pensé que me lo decía en broma, pero ella también quería irse de Las Vegas. Cuando supe que era en serio, hablé con Gustavo y quedamos de viajar dos días más tarde. Nos tomó tres días viajar desde el Estado de Nevada hasta el Estado de Georgia. Unos amigos paraguayos, Tani y Elena Villalba, nos recibieron en su casa y allí nos hospedamos hasta traer a nuestra familia.

9. EJEMPLOS INSPIRADORES

Cuando estuve nuevamente en Georgia visité a Reynaldo Candelaria, quien me había introducido a R.P. y me asombré del crecimiento que había tenido en Atlanta. Reynaldo tenía metas bien definidas y las estaba logrando, su territorio estaba vendiendo grandes sumas de dinero. Recordé cuando el había llegado a Atlanta cinco años antes, solo tenía una mini Van azul, pero estaba cargada de sueños y aquellos sueños se habían convertido en realidad ¿Que tenía Reynaldo que lo hacía diferente de los demás? Metas específicas y trabajaba con ellas día a día.

Hablando con él me comentó la experiencia de dos hombres que le ayudaron mucho en el crecimiento de su organización, el primero Edgar Acosta, el segundo Edgar Díaz. Quiero nombrarlos a ellos ya que, como muchos otros, han sido para mí una fuente de inspiración y ejemplos en cuanto a fortaleza para seguir adelante pese a las vicisitudes de la vida.

Edgar Acosta era de nacionalidad colombiana. Llegó un día a las oficinas de R.P. con el objetivo de ganar dinero. Se dedicó a vender y vendió muy bien. Ganó mucho dinero, pero él tenía una meta que quería alcanzar. Debido a esto, le preguntó a Reynaldo que tenía que hacer para poder cumplir con su ambiciosa meta. Reynaldo le contestó que el dinero grande no está en las ventas personales, sino en las ventas del grupo, le dijo que reclute gente, que este es el negocio de traer mucha gente. Ese mismo día Edgar se puso a reclutar gente. Hubert Humphrey fue un hombre que de cero creó una organización donde involucró a miles de personas y que lo llevó de ser empleado del ferrocarril de Georgia, a ser uno de los hombres más ricos de los Estados Unidos.

Escribió un libro que se titula "El poder de uno", porque Hubert también comenzó reclutando uno. Al poco tiempo Edgar tenía en su organización, decenas de vendedores y esto le valió muchos reconocimientos de la compañía. Su foto aparecía cada mes en varios lugares de la revista que edita la compañía. Su nombre era conocido a nivel nacional; había logrado el éxito, y junto con el éxito, la calidad de vida que él quería tener. No lo hizo sin esfuerzos. Le costó mucho trabajo, y en su caso tuvo la ayuda invalorable de una esposa que estuvo a su lado en todo momento, apoyándolo. Siempre se dice que detrás de un gran hombre hay "una gran mujer" Edgar tuvo a esa gran mujer que lo alentó a seguir adelante hasta que lograron sus metas. Hoy Edgar Acosta es un hombre próspero y sigue agrandando su organización.

Por su parte, el otro Edgar (Edgar Díaz) también tiene una historia digna de ser mencionada. Ingresó en la compañía y desde el principio se destacó por ser un gran vendedor. Lo primero que Edgar vendía al cliente era su propia imagen. Le gustaba competir. Siempre estaba en competencia con alguien y siempre ganaba. Sus metas estaban bien definidas y eran muy altas: quería triunfar y en grande. Movido por ese constante deseo de superación, un día decide dejar R P, y se traslada a Miami donde con unos parientes forma una Empresa de Importación y Exportación.

Las cosas le fueron bien por algún tiempo pero cambios de políticas en las exhortaciones, aquel negocio no funcionó. Encontrándose en esta situación, decide llamar a su amigo Reynaldo y le manifiesta su deseo de volver a integrar las filas de R P. Reynaldo le contestó:

- "vente campeón, te estaré esperando, trabajaremos juntos y veras que esta vez tú lo lograrás."

Unos días más tarde Edgar regresó y se puso un desafío, se retó a sí mismo, a lograr vender treinta mil dólares en un mes. Si no lograba esa meta, no se quedaría en la compañía. Comenzaba su trabajo muy temprano en la mañana. Hacía muchas llamadas consiguiendo citas, y las ventas, comenzaron a llegar, y cada venta la festejaban de una manera muy particular. Edgar y Reynaldo, cada noche, se reunían a festejar los logros, y se echaban en par de tragos, pero solo un par, pues al siguiente día tenían que seguir en pos de la meta. Al final de aquel mes Edgar había logrado su meta: vendió 35.000 dólares. Como él sabía perfecta-mente que el dinero grande estaba en el reclutamiento, comenzó a traer gente al negocio. Su negocio crecía día a día, y su territorio era uno de los más exitosos a nivel nacional. Su nombre y foto estaban en la portada de la revista que mensualmente editaba la compañía. Hay un club en el cual todos los distribuidores quieren tener el privilegio de estar: el club del Presidente.

Para integrar dicho club, el distribuidor debía cumplir con los requisitos inherentes a tan privilegiada posición y aquellos requisitos no eran fáciles. Muy pocos distribuidores integraban el club del Presidente, y entre estos pocos está Edgar Díaz.

Hoy Edgar tiene uno de los territorios más exitosos dentro de R

P y disfruta de una calidad de vida, que solo está reservada para los CAMPEONES.

10. LA INCREIBLE HISTORIA DE GEORGE DURAN

George Durán vivía en Louisiana, había venido a los Estados Unidos a ganar dinero. No quería trabajar como empleado, quería tener su propio negocio. Se informó acerca de cuáles eran los Estados de mayor crecimiento y en aquel tiempo había dos, Georgia y Texas. Pensó ir a Texas, pues allí hay muchos hispanos, pero luego, decidió mudarse a Georgia. Buscó a un primo que compartía los mismos sentimientos que él, tenían un automóvil viejo que les había costado quinientos dólares y todo el dinero que tenían ambos eran otros quinientos dólares. Se montaron en el carro y comenzaron su viaje a Georgia, estado que desconocían totalmente. Sabían que no harían gran cosa con ese dinero, pero no deseaban esperar a juntar más dinero y allí iban viajando. Se prometieron que al llegar, buscarían trabajo inmediatamente. Al llegar recorrieron las calles de Atlanta llenando aplicaciones de empleo para trabajar en lo primero que encontraran. El dinero se les fue acabando muy rápidamente, y no encontraban trabajo, el inglés que manejaban era muy precario y todo lo que habían aprendido a decir era "I AM looking for a Job" (estoy buscando trabajo). Quizás si hubiesen hablado algo de ingles podían haber encontrado trabajo, pero en aquellos años había muy poca presencia hispana en Atlanta, por lo tanto debían seguir buscando trabajo entre los anglosajones. Tres días más tarde decidieron salir del hotel, pues les quedaban unos pocos dólares, y no tuvieron más remedio que dormir en su automóvil. Un par de días más tarde y con sus bolsillos casi vacíos, George entró a un hotel en el centro de Atlanta y desde allí llamó a una de las tantas empresas en las que había solicitado trabajo. Sonó el teléfono y cuando alguien contestó, George se identificó y luego dijo "I am looking for a job". No se entendía con aquel hombre del otro lado de la línea, y seguía repitiendo "I am looking for a job". De repente volteó hacia atrás pues un hombre, de los ejecutivos del hotel venía junto a él. Sin darse cuenta había estado gritando en el teléfono, y en aquel lujoso hotel, se debía hablar en voz baja, lo primero que pensó fue, este hombre viene a echarme de aquí.

- ¿Está buscando trabajo? – le preguntó el hombre para su sorpresa.
- Sí – contestó George
- ¿Tiene licencia de conducir? –
- Sí – volvió a responderle.
- Pues ya tienes trabajo – le dijo el hombre -. Ven mañana a las ocho y vas a manejar uno de los buses del hotel. Solo tendrás que llevarlo al aeropuerto y recoger pasajeros que vienen a hospedarse al hotel.

Por fin consiguió trabajo, y uno que él consideraba muy agradable. Más tarde, cuando aprendió un poco más de inglés y pudo comunicarse con clientes del hotel, les ofreció otros servicios, como por ejemplo hacerles conocer la ciudad de Atlanta y esto le hizo ganar mucho dinero en propinas. Como era un hombre muy emprendedor, los jefes pusieron sus ojos en él y tiempo más tarde era el manager de los conductores de buses. Todo le iba bien, pero él vino a los Estados Unidos para ganar dinero y no estaba conforme con lo que le pagaban. Como no había otra posición disponible, entonces, se preguntó si dónde estaba el dinero es ese hotel. Quería aprender otras cosas y tener otros cargos en ese lugar. Le dijeron que si quería ganar más dinero debería dejar su posición de Manager, y mudarse a otra área, y fue así que unos días más tarde dejaba su puesto en los buses y comenzaba a trabajar con las limpiadoras del hotel. De quince dólares la hora que ganaba, le bajaron a seis. Aquello parecía una locura, pero él sabía que desde allí podía ascender a otras posiciones y así lo hizo. Muy poco tiempo después estaba ganando dieciocho dólares la hora, pero el seguía preguntándose ¿Dónde está el dinero? Al cabo de algunos meses fue entrenado para trabajar en la misma cadena de hoteles pero en un hotel de cinco estrellas y allí había más dinero. El trabajo en aquel lujoso hotel fue muy emocionante, ahora estaba tratando con hombres que manejaba mucho dinero. Estaba feliz y ganando dinero y su futuro se veía muy prometedor. Cierto día venía rumbo al hotel manejando por una vía rápida, pues estaba retrasado. Mientras manejaba pensaba si en realidad en aquel hotel se encontraba su futuro, si es que allí estaba el dinero que el había venido a buscar, de repente. Se dijo: "No, no está allí." En la siguiente salida de la autopista, salió de la ruta y se vino de vuelta a su departamento. Desde allí llamo al hotel y renunció, y se puso a pensar en ¿dónde estaba el dinero? Pasó los siguientes días haciéndose la misma pregunta. Un día llegó a una conclusión: el dinero estaba en la construcción. Al día siguiente, estaba trabajando en la construcción, y de nuevo ganaba seis dólares la hora. Tenía que trabajar bajo el Sol, comía debajo de la sombra de un árbol, estaba todo el tiempo cansado, pero se sentía feliz ya que estaba en donde estaba el dinero. Seis meses más tarde sabía lo suficiente como para empezar su propia compañía y lo hizo. El primer año ganó cincuenta mil dólares, no era mucho pues sus metas eran muy altas. Al año siguiente ganó casi medio millón de dólares, al siguiente año cerró con cerca de un millón de dólares, y al poco tiempo, su compañía había hecho negocios por más de tres millones de dólares. La razón de su éxito comenzó cuando una mañana decidió salirse de la ruta a su trabajo, dar vuelta en U y volver atrás a reflexionar sobre su vida. Si no hubiere tomado acción aquella mañana, probablemente estaría hasta el día de hoy trabajando en hoteles. Conclusión: cuando haces algo tienes resultados, si no lo haces tienes excusas, las excusas, no tienen ningún valor en el mercado.

11. LOS MACÍAS

Muchos años atrás cuando en la ciudad de Atlanta no había hispanos, se mudó una familia de mexicanos: "Los Macías". Esta familia se crió en un pueblo llamado San José de la Paz, en el Estado Jalisco, una comunidad muy pobre. Don Jesús Macías trabajaba en el monte haciendo carbón, y con lo poco que ganaba trataba de mantener a su numerosa familia, que incluía a su esposa Luz, con la cual tuvo catorce hijos, tres de los cuales fallecieron siendo pequeños.

Todo era muy precario en el rancho donde vivían los Macías. Debido a tanta necesidad, un día la señora Luz decidió ayudar en la manutención de la familia. Quería traer algo de dinero a su casa para ayudar a Don Jesús. Fue a la plaza del pueblo y se puso a vender agua fresca con sabores y también llevo frutas. Solamente había una preocupación en su mente mientras estaba en la plaza:

¿sería que sus hijos habían comido?

A cargo de cuidarlos y darlos de comer, se encontraba su hija mayor Esperanza, y esta maravillosa mujer tenía la responsabilidad del hogar, mientras su madre estaba ausente trabajando en la plaza. Un día Don Jesús decide venirse a los Estados Unidos a trabajar, ganar dólares y así poder hacer frente a la crianza de tantos hijos. Las cosas le fueron bien, su familia en México, comenzó a recibir el alivio que producían los giros de dinero, que llegaban desde el norte. Los años fueron pasando sin grandes cambios, y aprovechando una amnistía, Don Jesús recibió sus papeles como residente legal, de los Estados Unidos y esto le abrió las puertas a toda su familia para que puedan residir legalmente. Un tiempo más tarde todos estaban en Atlanta, los más jóvenes yendo a la escuela para aprender inglés y el resto trabajando en todo tipo de ocupaciones.

En aquellos días la comida mexicana era casi desconocida en Atlanta, el primero que montase un restaurante mexicano, ganaría mucho dinero y esta idea la tuvo su hijo mayor José Macías. José puso manos a la obra. Buscó información, habló con todos sus hermanos, y comenzaron a trabajar para abrir el restaurante Mexicano. Después de mucho y arduo trabajo, el negocio abrió sus puertas al público, el que se agolpaba cada día para conocer las delicias de la comida mexicana. El dinero comenzó a llegar en -

abundancia, el lugar resulto pequeño para la afluencia de tanta gente. Tiempo más tarde, José vendía el restaurante y con otro socio compra otro restaurante llamado "El toro". Aquel lugar trabajaba a pleno de su capacidad, entonces, el hombre que llevaba los libros sugirió a José: "no te detengas, este es tu momento, sigue abriendo restaurantes".

Al poco tiempo José habría el segundo restaurante al que llamo también El toro, y así siguió abriendo "Toros" hasta llegar a poseer nueve restaurantes. Ahora los Macías poseían millones de dólares y toda la familia gozaba de una prosperidad que jamás habían soñado que tendrían. Conjuntamente con otros amigos de su querido pueblito San José de la Paz, que también habían emigrado a los Estados Unidos, donaron sustanciales sumas de dinero, a la humilde escuelita donde ellos habían asistido la cual se transformó en uno de los establecimientos educativos más modernos de la ciudad. Mucha gente fue beneficiada en su comunidad, y allí donde se necesitaba ayuda, estaban ellos contribuyendo con generosas donaciones. Los restaurantes siguieron aumentando y muchos de sus parientes y amigos fueron beneficiados al darles José la oportunidad de unirse a la administración de la cadena de restaurantes.

Esta valiente y emprendedora familia le hace honor al dicho que enorgullece a los mexicanos: "si se puede". Todo se puede lograr, solamente hay que tener ideas y trabajar con ellas ya que las ideas no sirven si no tienen acción, y cuando las ponemos en acción es cuando comienzan a pasar las cosas. El tiempo es nuestro peor enemigo sino lo usamos correctamente porque va y no vuelve.

El esperar a mañana para comenzar algo es la peor decisión que podemos tomar, porque puede ser que ese mañana nunca llegue. No podría terminar este libro, sin incluir la historia de otro triunfador, su nombre Salvador Loa. Salvador nació en México, y desde muy niño se trasladó a los Estados Unidos, país en el cual se educó y más tarde se dedicó a trabajar en la construcción. Vivía en la ciudad de Chicago, allí tenía a su esposa e hijos, vivía cómodamente con el dinero que le proporcionaba su trabajo pero Salvador tenía otras metas. Siempre estaba a la búsqueda de oportunidades, quería tener su negocio propio, pero no tenía la más mínima idea de cuál sería aquel negocio.

Cierto día un hermano de él, que residía en Georgia, en la

Ciudad de Dalton, le hizo saber que en dicha ciudad no existía una carnicería hispana, esta información era muy importante para Salvador, aunque no sabía nada de carnes. Con aquella idea en su mente se instaló en aquella ciudad a la espera de poder abrir su carnicería. Había un solo problema, Salvador no tenía el capital para comenzar aquel negocio por lo tanto comenzó a trabajar en una de las tantas fábricas de alfombras que hay en la ciudad. Como necesitaba ganar dinero extra se dedicó a averiguar en donde podría conseguir cortadoras de pasto para ofrecer esos servicios a la comunidad. Alguien le hizo saber de un americano que tenía un negocio, en donde ofrecía todo tipo de máquinas usadas. Ese mismo día fue a ver al señor americano, al llegar al negocio que estaba ubicado en la avenida principal, Salvador vio que aquel hombre no solo tenía máquinas para cortar pasto, sino que también tenía todo el mobiliario para montar una carnicería, allí estaba todo. Mientras aquel señor le mostraba las cortadoras de pasto, Salvador desviaba su vista hacia las refrigeradoras, las máquinas de cortar carne. Viendo el vendedor el interés de Salvador por aquellas de pronto le preguntó:

- ¿Qué es lo que usted está buscando?,

Entonces, le manifestó que su sueño era montar una carnicería aunque no tenía el dinero para hacerlo. Aquel hombre observó que Salvador tenía algo más que un simple deseo, notó que le brillaban sus ojos mientras contemplaba el mobiliario que estaba allí.

Lo de Salvador no era un deseo, era una obsesión, no tenía otra cosa en su mente, quería comenzar la primera carnicería hispana de Dalton, una ciudad con un altísimo porcentaje de hispanos.

Como buen comerciante que era aquel americano, pensó que con Salvador abriendo la carnicería en aquel mismo lugar, esto motivaría a otros comerciantes para que renten los locales vacíos.

Por lo tanto, le hizo una oferta a Salvador, le daría seis meses de renta gratis, además podría usar todo el mobiliario que necesitara para iniciarse en su negocio sin tener que pagarle nada durante ese tiempo. Salvador no podía creer que un sueño largamente acariciado en ese momento se estaba haciendo realidad.

Unos días más tarde la carnicería Loa abría sus puertas al público. Las primeras semanas fueron muy difíciles debido a que aquel negocio era nuevo, y además porque a solo cuadras de allí operaba un centro comercial en donde los habitantes de esa área podían adquirir todo lo necesario, incluyendo toda variedad de carnes.

En ese momento Salvador no contó con el apoyo de los que en aquel entonces el consideraba sus "amigos", quienes lo criticaron por haber elegido un lugar que no estaba bien ubicado comercialmente, le decían que él no podía competir con los negocios ya establecidos en esa misma área.

Otra limitación que tenía Salvador era que no contaba con un capital operativo que le permitiera proveerse de mercadería que tradicionalmente es consumida por los mexicanos. En esos días de tanta incertidumbre, en ocasiones, pensó en vender aquella carnicería y dedicarse a un negocio menos estresante, pero luego reflexionó que todos los negocios en sus comienzos causan stress y si quería tener éxito debía seguir adelante.

"Si se puede" era la frase que repetía Salvador constantemente. Un día, una idea pasó por su mente como un rayo: Silvia, una de sus hermanas, podría prestarle dinero. No espero a "mañana" y la llamó. Mientras timbraba el teléfono en casa de Silvia, Salvador contuvo la respiración, estaba muy tenso, el teléfono seguía timbrando, los segundos se le hicieron horas, hasta que una voz femenina contestó el teléfono, inmediatamente reconoció aquella voz, era Silvia. Luego de algunos minutos, Salvador le preguntó si podía prestarle seis mil dólares que serían invertidos en mercadería muy necesaria para tener un negocio más competitivo entre sus vecinos. Silvia hizo silencio, luego le preguntó:

- ¿Estás seguro que con seis mil dólares tu carnicería va a funcionar?

Salvador contestó inmediatamente que sí y agregó:

- No te preocupes todo, saldrá bien y te devolveré tu dinero. Silvia conocía la nobleza y seriedad de su hermano, no le preguntó más nada, al siguiente día Salvador contaba con aquel capital. Pocos días más tarde, su carnicería tenía todos los productos que necesitaba para venderles a los mexicanos. Sin embargo, todavía no se conocía tanto su negocio, en este tiempo escuchó la voz de un hombre que fue su amigo de verdad Norberto Reyes.

En aquel momento de dificultad le dijo a Salvador las palabras de aliento más importantes en ese momento:

- Échale ganas compadre, necesitamos tu carnicería, veras que la vas a hacer.

Esto le decía Norberto a su amigo cada vez que lo veía deprimido. En los momentos de incertidumbre resonaban en sus oídos aquellas palabras de aliento que Salvador recordaría por el resto de su vida…

Cierto día se le ocurrió faenar un puerco, al decir del mexicano, aquel puerco se vendió de "volada," luego fueron dos. Al los pocos días corrió la voz por todo Dalton, que si querías carne de puerco fresca y a buen precio, entonces, tenías que pasar por la Carnicería Loa. Su negocio comenzó a crecer aceleradamente, hubo que poner dos cajas registradoras los fines de semana, días más tarde había tres, ya el negocio comenzó a dejar muy buen dinero. Silvia recibió su dinero de regreso y el eterno agradecimiento de su hermano por haber confiado en él en los momentos más difíciles. Pocos meses más tarde se abría la carnicería LOA

#2, aquel negocio fue atendido por su hermana Silvia, quien meses más adelante sería la dueña, luego vino la LOA #3 y así se siguieron abriendo otras.

Hoy día y con apenas 39 años Salvador vive semi retirado, sus carnicerías son administradas por sus familiares, con su esposa Mónica vive en una eterna luna de miel, sus vacaciones son bien largas, viajan muy seguido a su querido México y otros lugares paradisíacos. Los días de stress y de duro trabajo para Salvador Loa quedaron atrás, ahora disfruta de una calidad de vida que solo está reservada solo para los triunfadores. La reflexión final de este ejemplo de vida es que:

Cuando tenga una idea no espere que lo apoyen en su proyecto. No creerán en él, pero recuerde que lo más importante es que usted crea en su proyecto. Reúna información planee y cuando esté listo, tome acción, no espere a mañana

12. MI PROPIA EXPERIENCIA

Al término de esta obra quisiera compartir con usted, amigo lector, el firme convencimiento que poseo de que todo es posible. Aunque a veces las cosas no nos salen como quisiéramos hay que seguir intentando y nunca, pero nunca darse por vencido. Finalmente, quisiera compartir la historia de cómo mi familia adquirió la propiedad en donde vivimos actualmente. Al llegar a la ciudad de Atlanta, después de haber vivido por dos años en Las Vegas, rentamos un apartamento en la ciudad de Duluth, nos hubiera gustado comprar una casa pero lamentablemente mi crédito no calificaba para un préstamo bancario. A pesar de los numerosos rechazos seguimos intentando comprar una casa para vivir más confortablemente.

Soy una persona que tiene un testimonio muy fuerte de que los milagros siguen ocurriendo en estos tiempos modernos, Dios sigue allí, Él no ha cambiado, Él sabía que mi familia necesitaba una casa y yo sabía que la tendría, pero en aquellos días no sabía cómo. Cada vez que intentábamos comprar una casa, aparecía el problema del crédito.

Cierto día me enteré a través de una amiga, que había una señora que no importaba cuan dañado estuviera mi crédito, ella me conseguiría el préstamo, como nada perdía con intentarlo una vez más, conseguí una entrevista con aquella mujer. Al siguiente sábado, estábamos con mi esposa en la oficina de aquella señora, pero lamentablemente ella no podía hacer mucho por mí, los requisitos que me pedía eran los mismos que cualquier institución crediticia.

Al día siguiente, siendo un domingo, asistimos a la iglesia, al regreso uno de nuestros hijos, Richard, me preguntó:

- ¿Cómo te fue papá con la señora que iba a conseguirnos el crédito?

Me dolió mucho tener que contestarle que habíamos sido rechazados una vez más, Richard tenía entonces trece años, y su fe en el Señor siempre fue muy grande, él no tenía dudas que obtendríamos aquel préstamo, me miró extrañado y luego me dijo:

-Papá, hoy el maestro de la clase en la escuela dominical nos compartió la lección en la cual se hace mención que Moisés con una vara abrió el mar, para que pudiera pasar el pueblo de Israel ¿y tú no puedes conseguir un préstamo para comprar nuestra casa en Duluth?

Cuando mi hijo me hizo aquella reflexión, algo en mi interior me dijo: "Richard tiene razón, si Moisés abrió el mar, yo con la ayuda de dios voy a conseguir mi casa". Esa misma tarde salí de mi casa y manejé hasta el vecindario en donde quería vivir con mi familia. Las casas se veían bonitas, el lugar estaba bien tranquilo, este es mi barrio me dije a mi mismo, y comencé a recorrer aquel lugar buscando casas para la venta. Encontré una, no me gustó no se veía linda, continué manejando, al rato apareció otra, estaba mejor que la primera, pero todavía no era la casa que yo aspiraba, por lo tanto seguí buscando, hasta recorrer todo el vecindario, para llegar a la conclusión que aquellas eran las dos únicas casas para la venta. Me dirigía a mi departamento muy desilusionado, no seguiría buscando en otro lugar pues yo quería vivir allí, estaba por tomar la -última curva que me llevaría a la salida de aquel vecindario, iba manejando un poco distraído, y gire a la izquierda antes de llegar al la calle que debí haber tomado, cuando me di cuenta de mi error, quise dar marcha atrás y continuar por donde venía, pero aquella calle era muy corta, apenas tenía unos treinta pies de largo por lo tanto decidí llegar hasta el fin.

Al terminar la calle di la vuelta en U y allí la vi, allí estaba la casa que yo estaba buscando, al pie de un árbol se encontraba el cartel que anunciaba su venta, bajé del automóvil, eran las nueve de la noche, estaba un poco oscuro pero pude ver lo espacioso del patio trasero. "Aquí jugarán mis hijos", dije en voz alta. Sabía que las palabras tienen poder creativo, me sentí dueño de aquella casa, luego el Señor tendría que "abrir el mar" para que yo pudiera calificar para el préstamo. Al día siguiente me levanté más temprano que de costumbre, y otra vez tuve el sentimiento que aquella casa era mía, no tenía dudas al respecto. A las nueve de la mañana llamé por teléfono para saber el precio de aquella casa, la persona que me atendió no estaba de buen humor, me preguntó cómo me había enterado de que esa propiedad estaba a la venta y le contesté que la noche anterior, había pasado frente a aquella casa y vi el letrero. Aquel hombre me contestó enojado:

Usted me está mintiendo, anoche puse la información en Internet, seguramente usted la obtuvo de allí y ahora me va a hacer que le muestre la casa y luego se ira con otro vendedor, y yo habré perdido mi tiempo, ya me hicieron esto antes, dígame

¿Cómo es que usted paso frente a esa propiedad si la calle no tiene salida? Le contesté que pase por allí por error y vi el letrero a las nueve de la noche a lo que el hombre contestó:

- Ahora si le creo, porque yo puse el letrero diez minutos antes de las nueve.

Aclarada esta situación, convenimos en encontrarnos a las diez de la mañana, para correr mi crédito una vez más. Al llenar la solicitud de crédito, le hice saber a aquel señor que mi crédito estaba muy malo y el me contestó que quería ver cuán malo está. Firmé aquellos papeles nos despedimos y quedamos de encontrarnos al siguiente día por la mañana.

Al llegar la noche, le pedí a Dios en oración que "abriera el mar" para que la solicitud de crédito que había presentado, pudiera pasar la prueba y obtener el préstamo tan necesario para poder comprar aquella casa. Me dormí con la paz y la seguridad de que todo saldría bien. A la mañana siguiente, desperté con la misma paz con la que me dormí, todo estaba bajo control, a la hora señalada me encontraba en "mi casa", esperando aquel señor. Cuando lo vi. llegar, sabiendo que traía los resultados del crédito, mi ánimo no se alteró, sabía que el Padre en los Cielos había hecho algo pero no sabía qué. Me saludó con una sonrisa muy grande y luego me preguntó:

¿Quién le dijo a usted que su crédito estaba tan malo?

Le contesté que yo mismo vi mis reportes de crédito muchas veces, la última vez tan solo 72 horas antes, y reflejaban cuentas pagadas tarde y otros errores que había cometido. Aquel señor me miro extrañado y me dijo:

-Eso no es lo que yo tengo aquí.

Acto seguido me mostró los reportes y en esta ocasión solo reflejaban tres cuentas que estaban atrasadas. El milagro había sucedido ahora solo había que solicitar el préstamo.

Todo salió bien, tres semanas más tarde tomábamos posesión de aquella casa. Recordé aquella mañana una vez más lo que el Señor dijo: "si puedes creer pues al que cree, todo le es posible". De acuerdo con los reportes de crédito anteriores, yo no podía comprar mi casa, pero la fe de mi hijo Richard, que me relató la historia de Moisés, me motivaron a que siguiese adelante, hasta lograr lo que tanto anhelábamos el sueño de tener la casa propia. Termino de escribir este libro deseando en lo más profundo de mi corazón que pueda servir de inspiración a usted, amado lector, recuerde que no importa en que condición se encuentre en estos momentos, todo lo que ponga en su mente lo puede lograr, George Bernard Shaw dijo, algo que nunca deberíamos de olvidar: "La vida para mí, no es una vela que se apaga, es más bien una espléndida antorcha que sostengo en mis manos, durante un momento, y quiero que arda con la máxima claridad posible antes de entregarla a futuras generaciones"

Este es también mi deseo para usted. Duluth, septiembre de 2005.

FIN

Made in the USA
Columbia, SC
18 April 2023

15080741R00067